筆順과 함께 익히기 쉬운

千字文 쓰기 敎本

필순과 함께 익히기 쉬운
千字文 쓰기 敎本

편　자・이현진
발행인・우제군
발행처・예성출판사
주　소・서울특별시 중구 을지로41길 24 (을지로6가)
등록번호・제2-213, 1979. 11. 22
발행일・2021년 4월 30일 5쇄 발행
전　화・02) 2267-8739・2272-9646・2266-9153
팩　스・02) 2269-3393

값 8,000원

복사・전재 엄금

ISBN 978-89-7388-114-7

필순과
함께
익히기 쉬운
**千字文
쓰기 敎本**

차 례

- 千字文 쓰기・4
- 略字・俗字・129
- 漢字의 六書・134
- 漢字의 音과 訓・135
- 漢字의 筆順・135
- 字典의 利用 方法・136
- 敎育部 選定 1800漢字・138

天	天							天地玄黃 : 하늘은 위에 있어 그 빛이 검고 땅은 아래에 있는 고로 그 빛이 누르다.
하늘 천 大·1　총 4 획	一 二 于 天							
地	地							
땅 지 土·3　총 6 획	一 十 土 圡 圤 地							
玄	玄							
검을 현 玄·0　총 5 획	丶 亠 玄 玄 玄							
黃	黃							
누를 황 黃·0　총 12 획	一 十 卄 廾 井 芁 苎 昔 甫 甬 黃 黃							
宇	宇							宇宙洪荒 : 하늘과 땅 사이는 넓고 커서 끝이 없다. 즉 세상의 넓음을 말한다.
집 우 宀·3　총 6 획	丶 丷 宀 宁 宇 宇							
宙	宙							
집 주 宀·5　총 8 획	丶 丷 宀 宀 宁 宙 宙 宙							
洪	洪							
넓을 홍 氵·6　총 9 획	丶 冫 氵 氵 汁 汦 洪 洪 洪							
荒	荒							
거칠 황 艹·6　총 10 획	丶 十 卄 艹 芁 芒 芒 芒 荒							

日	日					日月盈昃:해는 서쪽으로 기울고 달도 차면 점차 이지러진다. 즉 우주의 진리를 말한 것이다.			
날 일 日·0 총 4 획	丨 冂 冃 日								
月	月								
달 월 月·0 총 4 획	丿 刀 月 月								
盈	盈								
찰 영 皿·4 총 9 획	丿 乃 刅 及 叅 叅 叅 盈 盈								
昃	昃								
기울 측 日·4 총 8 획	丨 冂 日 日 旦 戸 昃 昃								
辰	辰					辰宿列張:성좌가 해, 달과 같이 하늘에 넓게 벌여져 있음을 말한다.			
별 진 辰·0 총 7 획	一 厂 厂 戶 辰 辰 辰								
宿	宿								
잘 숙 宀·8 총 11 획	丶 丷 宀 宀 宀 宀 宀 宿 宿 宿 宿								
列	列								
벌일 렬(열) 刂·4 총 6 획	一 厂 歹 歹 列 列								
張	張								
베풀 장 弓·8 총 11 획	丶 弓 弓 弖 弘 张 张 張 張 張								

寒	寒						寒來暑往 : 찬 것이 오면 더운 것이 간다는 뜻으로, 사철의 바뀜을 말함.
찬 한 宀·9 총 12획			丶 丷 宀 宀 宁 宵 宵 寉 寒 寒 寒 寒				
來	來							
올 래 人·6 총 8획			一 厂 丆 巫 巫 巫 來 來				
暑	暑							
더울 서 日·9 총 13획			丶 口 口 日 旦 早 星 昇 昇 昇 暑 暑 暑				
往	往							
갈 왕 彳·5 총 8획			丿 彳 彳 彳 彳 彳 往 往				
秋	秋						秋收冬藏 : 가을에 곡식을 거두고 겨울이 오면 그것을 감춰들인다.
가을 추 禾·4 총 9획			一 二 千 千 禾 禾 秒 秋 秋				
收	收							
거둘 수 又·2 총 6획			丨 丩 屮 屮 收 收				
冬	冬							
겨울 동 冫·3 총 5획			丿 勹 久 冬 冬				
藏	藏							
감출 장 艹·14 총 18획			丶 丨 艹 艹 艹 艹 莊 莊 莊 莊 莊 莊 蔵 藏 藏 藏				

閏餘成歲 : 일 년의 나머지 시각을 모아 윤달의 해를 이룬다.

閏	윤달 윤 / 門·4 / 총 12획	丨 卩 卩 卩 卩' 門 門 門 閂 閏 閏 閏
餘	남을 여 / 食·7 / 총 16획	丿 人 ハ 今 今 今 刍 刍 刍 刍 飠 飠 飠 飠 飠 餘 餘
成	이룰 성 / 戈·3 / 총 7획	丿 厂 F 厈 成 成 成
歲	해 세 / 止·9 / 총 13획	丨 卜 屮 止 屮 产 产 产 产 炭 歲 歲 歲

律呂調陽 : 율(六律)과 여(六呂)는 천지간의 양기를 고르게 하니, 즉 율은 양이요, 여는 음이라.

律	법칙 률 / 彳·6 / 총 9획	丿 彳 彳 彳 彳 彳 律 律 律
呂	음률 려 / 口·4 / 총 7획	丶 冂 口 口 口 呂 呂
調	고를 조 / 言·8 / 총 15획	一 二 = 三 言 言 言 訁 訃 訃 調 調 調 調 調
陽	볕 양 / 阝·9 / 총 12획	丿 阝 阝 阝 阡 阳 阳 阳 阳 陽 陽 陽

雲	雲						雲騰致雨 : 구름이 올라가서 비가 된다. 즉 자연의 기상을 말한 것이다.	
구름 운 雨·4 총 12 획	一 二 干 干 干 干 干 雪 雪 雲 雲 雲							
騰	騰							
오를 등 馬·10 총 20 획	丿 几 月 月 月 月` 肝 胖 胖 胖 胖 勝 勝 騰 騰 騰 騰 騰 騰							
致	致							
이를 치 至·4 총 10 획	一 工 互 至 至 至 到 到 致 致							
雨	雨							
비 우 雨·0 총 8 획	一 厂 厂 币 币 雨 雨 雨							
露	露						露結爲霜 : 이슬이 맺어져 서리가 된다.	
이슬 로 雨·12 총 20 획	一 厂 币 币 币 雨 雨 雪 雪 雪 雪 零 零 零 零 露 露 露							
結	結							
맺을 결 糸·6 총 12 획	〈 幺 幺 幺 糸 糸 糸 紅 紅 紅 結 結							
爲	爲							
할 위 爪·8 총 12 획	一 厂 爫 爫 爫 严 严 爲 爲 爲 爲 爲							
霜	霜							
서리 상 雨·9 총 17 획	一 厂 币 币 币 雨 雨 雪 雪 雪 霏 霜 霜 霜 霜 霜							

金	金					金生麗水 : 금은 여수에서 나니 여수는 중국의 지명이다.		
쇠 금 金·0 총 8 획	ノ 人 人 人 今 全 金 金							
生	生							
날 생 生·0 총 5 획	ノ ㅏ 느 牛 生							
麗	麗							
빛날 려 鹿·0 총 19 획	一 厂 币 币 币 丽 丽 丽 严 严 严 严 麗 麗 麗 麗 麗							
水	水							
물 수 水·0 총 4 획	丨 기 가 水							
玉	玉					玉出崑岡 : 옥은 곤강에서 나며 곤강도 역시 중국의 지명이다.		
구슬 옥 玉·0 총 5 획	一 丁 干 王 玉							
出	出							
날 출 凵·3 총 5 획	丨 十 屮 出 出							
崑	崑							
메 곤 山·8 총 11 획	' 屮 屮 屮 屮 岜 岜 岜 岜 崑 崑							
岡	岡							
메 강 山·5 총 8 획	丨 冂 冂 冂 岡 岡 岡 岡							

9

劍						劍號巨闕 : 거궐은 칼 이름이고 구야 자가 지은 보검이다. 즉 조나라의 국 보다.							
칼 건 刂·13 총 15획	ノ	人	스	슨	合	合	仝	命	命	侖	僉	僉	劍	劍
號													
이름 호 虍·7 총 13획	丶	口	口	믁	号	号'	号	号	号	号	號	號	號	
巨													
클 거 工·2 총 5획	一	厂	下	巨	巨									
闕													
집 궐 門·10 총 18획	丨	丨	丨	門	門	門	門	門	門	門	門	門	闕	闕
珠						珠稱夜光 : 구슬의 빛이 낮 같으므로 야광이라 일컬었다.							
구슬 주 王·6 총 10획	一	丅	干	王	王'	珍	珍	珠	珠	珠				
稱													
일컬을 칭 禾·9 총 14획	一	二	千	千	禾	秆	秆	秆	秆	稱	稱	稱	稱	
夜													
밤 야 夕·5 총 8획	丶	亠	宀	疒	夜	夜	夜	夜						
光													
빛 광 儿·4 총 6획	丨	丨	丬	丬	光	光								

果	果						果珍李柰 : 과실중에 보배로움은 오얏과 벚이 으뜸이다.					
과실 과 木·4　총8획		丨 冂 日 日 旦 甲 果 果										
珍	珍											
보배 진 王·5　총9획		一 T F 王 珎 玪 珍 珍										
李	李											
오얏 리 木·3　총7획		一 十 才 木 李 李 李										
柰	柰											
벚 내 木·5　총9획		一 十 才 木 杢 杢 李 柰 柰										
菜	菜						菜重芥薑 : 나물은 겨자와 생강이 중하다.					
나물 채 艹·8　총12획		丶 十 艹 艹 艹 艹 艹 苙 苙 苙 苹 菜										
重	重											
무거울 중 里·2　총9획		一 二 千 匕 旨 盲 重 重 重										
芥	芥											
겨자 개 艹·4　총8획		丶 十 艹 艹 艹 艾 芥 芥										
薑	薑											
생강 강 艹·13　총17획		丶 十 艹 艹 艹 芦 芎 莒 莒 菖 萱 薑 薑 薑 薑 薑 薑										

海鹹河淡 : 바닷물은 짜고 민물은 맛은 없되 맑다.

| 海 | 비다 해 水·6 총 10 획 | ｀ ｀ ⺡ ⺡ 沪 泸 海 海 海 海 |

| 鹹 | 짤 함 鹵·9 총 20 획 | 一 ト ト 占 占 卤 卤 卤 卤 鹵 鹵 鹵 鹵 鹵 鹵 鹹 鹹 鹹 |

| 河 | 물 하 ⺡·5 총 8 획 | ｀ ｀ ⺡ 沪 沪 河 河 河 |

| 淡 | 맑을 담 ⺡·8 총 11 획 | ｀ ｀ ⺡ ⺡ 沪 沙 浐 淡 淡 淡 淡 |

鱗潛羽翔 : 비늘 고기는 물속에 잠기고 날개의 새는 공중에 난다.

| 鱗 | 비늘 린 魚·12 총 23 획 | ノ ク 匁 冎 鱼 鱼 鱼 鱼 魚 魚 魸 鮃 鮮 鮮 鱗 鱗 鱗 鱗 鱗 |

| 潛 | 잠길 잠 ⺡·12 총 15 획 | ｀ ｀ ⺡ 沪 汢 浃 浃 洪 溁 溁 溁 潛 潛 潛 |

| 羽 | 깃 우 羽·0 총 6 획 | 丁 丁 习 羽 羽 羽 |

| 翔 | 날개 상 羽·6 총 12 획 | ｀ ｀ ｀ ｰ ｰ ｰ 羊 羿 羿 翔 翔 翔 |

龍	龍					龍師火帝 : 용스승 불임금이라 함은, 즉 복희씨는 용으로 벼슬을 기록하고 신농씨는 불로써 벼슬 이름을 기록하였다.							
용 롱													
龍·0 총 16획		` 一 亠 立 产 音 音 音 音 訃 訃 龍 龍 龍 龍											

師	師												
스승 사													
巾·7 총 10획		` ʃ ŕ 户 自 自 自 師 師 師											

火	火												
불 화													
火·0 총 4획		` ` ⺌ 火 火											

帝	帝												
임금 제													
巾·6 총 9획		一 二 亠 产 产 产 产 帝 帝											

鳥	鳥					鳥官人皇 : 소호씨는 새로써 벼슬을 기록하고 황제때는 인문을 갖췄으므로 인황이라 하였다.							
새 조													
鳥·0 총 11획		` ʃ ŕ 户 白 白 鳥 鳥 鳥 鳥 鳥											

官	官												
벼슬 관													
宀·5 총 8획		` ` 宀 宀 宀 官 官 官											

人	人												
사람 인													
人·0 총 2획		ノ 人											

皇	皇												
임금 황													
白·4 총 9획		` ʹ ⺁ 白 白 白 皁 皇 皇											

始制文字 : 복희씨는 창힐이라는 사람을 시켜 새 발자국을 보고 처음 글자를 만들었다.

始	비로소 시 女·5 총8획	く 夂 女 女 女 妌 始 始
制	지을 제 刂·6 총8획	ノ ㄥ 亠 듸 告 朱 制 制
文	글월 문 文·0 총4획	丶 亠 ナ 文
字	글자 자 子·3 총6획	丶 宀 宁 宁 字

乃服衣裳 : 이에 의복을 입게 하고 황제가 의관을 지어 등분을 분별하고 위의를 갖췄다.

乃	이에 내 丿·1 총2획	ノ 乃
服	옷 복 月·4 총8획	ノ 丿 月 月 月' 卯 服 服
衣	옷 의 衣·0 총6획	丶 亠 ナ 才 衣 衣
裳	치마 상 衣·8 총14획	丶 ⺌ ⺌ 严 严 严 尚 堂 堂 堂 堂 裳 裳

推	밀 추 扌·8 총 11획	一 亻 扌 扩 扩 扩 扩 抈 拊 推 推 推

推位讓國 : 벼슬을 미루고 나라를 사양하니 제요가 제순에게 전위하였다.

位	자리 위 亻·5 총 7획	ノ 亻 亻 亻 仁 位 位 位
讓	사양 양 言·17 총 24획	一 二 亖 亖 言 言 言 訁 訁 詻 詻 詻 誩 讀 讓 讓 讓 讓 讓 讓 讓 讓 讓 讓
國	나라 국 囗·8 총 11획	丨 冂 冂 冃 同 同 同 或 國 國 國
有	있을 유 月·2 총 6획	ノ ナ 才 冇 有 有

有虞陶唐 : 유우는 제순이요, 도당은 제요이다. 즉 중국 고대 제왕이다.

虞	나라 우 虍·7 총 13획	⺊ ⺊ ⺊ 广 广 卢 虍 虍 虍 虞 虞 虞 虞
陶	질그릇 도 阝·8 총 11획	⺆ ⻖ 阝 阝 阝 陶 陶 陶 陶 陶 陶
唐	당나라 당 口·7 총 10획	⺊ 广 广 庐 庐 庐 庐 唐 唐 唐

弔	弔					弔民伐罪 : 불쌍한 백성을 돕고 죄지은 백성을 벌하였다.		

조상 조 / 弓·1 / 총 4 획
ㄱ ㄱ 弓 弔

백성 민 / 氏·1 / 총 5 획
ㄱ ㄱ 尸 ⺒ 民

칠 벌 / 亻·4 / 총 6 획
ノ 亻 亻 代 伐 伐

허물 죄 / 罒·8 / 총 13 획
丶 ㅁ 罒 罒 罒 罒 罪 罪 罪 罪 罪 罪 罪

周發殷湯 : 주발은 무왕의 이름이요, 은탕은 탕왕의 칭호이다.

두루 주 / 口·5 / 총 8 획
丿 几 冂 月 用 用 周 周

필 발 / 癶·7 / 총 12 획
ㄱ ㅋ ㅋ ㅋ ㅼ ㅼ ㅼ 癶 登 發 發 發

나라 은 / 殳·6 / 총 10 획
丶 丿 尸 尸 尸 身 身 ⺼ 殷 殷

끓일 탕 / 氵·9 / 총 12 획
丶 丶 氵 氵 氵 汩 汩 湯 湯 湯 湯 湯

坐	坐						坐朝問道 : 좌조는 천하를 통일하여 왕위에 앉은 것이며, 문도는 임금이 나라 다스리는 법을 말한 것이다.				
앉을 좌 土·4 총 7 획		ノ 𠂉 𠂊 𠂋 坐 坐 坐									
朝	朝										
아침 조 月·8 총 12 획		一 十 ナ 古 古 古 皀 卓 朝 朝 朝 朝									
問	問										
물을 문 口·8 총 11 획		丨 冂 冂 冂 冃 門 門 門 門 問 問									
道	道										
길 도 辶·9 총 13 획		丶 丷 丷 丷 ⺍ 首 首 首 首 首 道 道 道									
垂	垂						垂拱平章 : 밝고 평화스럽게 함이니 임금이 공손히 하고 백성을 다스림을 말함.				
드리울 수 土·5 총 8 획		一 二 千 千 乖 乖 垂 垂									
拱	拱										
팔짱낄 공 扌·6 총 9 획		一 十 扌 扌 扌 拱 拱 拱 拱									
平	平										
평할 평 干·2 총 5 획		一 丆 兀 兀 平									
章	章										
글 장 立·6 총 11 획		一 二 亠 亠 立 产 产 咅 音 章 章									

愛	愛							愛育黎首 : 여수란 임금이 백성을 사랑하고 양육함을 말한 것이다.	
사랑 애 心·9 총 13획		´ ⌒ ⌒ ⌒ ⌒ ⌒ 爫 爫 啊 啊 愛 愛 愛							
育	育								
기를 육 肉·4 총 8획		` ㅗ ㅗ ㅗ 育 育 育 育							
黎	黎								
검을 려 黍·3 총 15획		一 二 千 千 禾 利 利 利 黎 黎 黎 黎 黎 黎							
首	首								
머리 수 首·0 총 9획		` ` ㅛ ㅛ ㅗ 产 首 首 首							
臣	臣							臣伏戎羌 : 위와 같이 나라를 다스리면 감화하여 오랑캐족인 융과 강도 복종한다.	
신하 신 臣·0 총 6획		一 丁 厂 厅 臣 臣							
伏	伏								
엎드릴 복 亻·4 총 6획		ノ 亻 亻 仕 伏 伏							
戎	戎								
오랑캐 융 戈·2 총 6획		一 二 F 戎 戎 戎							
羌	羌								
오랑캐 강 羊·2 총 8획		` ` ㅛ ㅛ 半 羊 羌 羌							

遐邇壹體 : 원근의 나라들이 그 덕망에 귀순하여 한 몸이 될 수 있다.

遐 멀 하 辶·9 총 13 획

邇 가까울 이 辶·14 총 18 획

壹 한 일 士·9 총 12 획

體 몸 체 骨·13 총 23 획

率賓歸王 : 거느리고 복종하여 왕에게 돌아오니 사람마다 감복되어 복종함을 말함.

率 거느릴 솔 玄·6 총 11 획

賓 손 빈 貝·7 총 14 획

歸 돌아갈 귀 止·14 총 18 획

王 임금 왕 王·0 총 4 획

鳴 울 명 鳥·3 총14획	鳴鳳在樹 : 성현이 나타나면 봉이 운다는 말과 같이 덕망이 미치는 곳마다 나무에서 봉이 울음.

丶 口 口 口' 叮 叩 叩 咆 鳴 鳴 鳴 鳴 鳴

鳳 새 봉 鳥·3 총14획	

丿 几 凡 凡 凡 凨 凨 凨 鳳 鳳 鳳 鳳 鳳 鳳

在 있을 재 土·3 총6획	

一 ナ オ 疒 存 在

樹 나무 수 木·12 총16획	

一 十 十 才 村 村 村 枯 桔 桔 桔 桔 樹 樹 樹

白 흰 백 白·0 총5획	白駒食場 : 평화를 상징한 것으로 흰 망아지도 감화되어 마당 풀을 뜯어 먹게 된다는 말.

丶 亻 白 白 白

駒 망아지 구 馬·5 총15획	

一 厂 П 戸 甲 馬 馬 馬 馬 馬 駒 駒 駒 駒

食 밥 식 食·0 총9획	

丿 人 人 今 今 令 食 食 食

場 마당 장 土·9 총12획	

一 十 土 圠 圯 坦 坦 坦 塌 場 場

化		化被草木 : 덕화가 사람이나 짐승에게만 미칠뿐 아니라 초목에까지도 미침을 말한 것이다.														
화할 화 匕·2 총 4 획	ノ イ イ 化															
被																
입을 피 衤·5 총 10 획	丶 ㇇ 礻 礻 礻 衤 衤' 衤⼑ 衤皮 被															
草																
풀 초 艹·6 총 10 획	丶 丅 艹 艹 艹 芢 艹 苩 苜 草															
木																
나무 목 木·0 총 4 획	一 十 オ 木															
賴		賴及萬方 : 만방이 넓으나 어진 덕은 고르게 미치게 된다.														
힘입을 뢰 貝·9 총 16 획	一 ㄏ ㄇ 口 申 東 東 束' 束" 束' 剌' 剌' 賴 賴 賴 賴															
及																
미칠 급 又·2 총 4 획	ノ 丆 及 及															
萬																
일만 만 艹·9 총 13 획	丶 丅 艹 艹 艹 艹 苩 苩 芦 芦 萬 萬 萬															
方																
모 방 方·0 총 4 획	丶 一 方 方															

蓋	蓋					蓋此身髮 : 이 몸의 털은 사람마다 없는 이가 없다.
덮을 개 ++·10 총14획		ヽ 一 艹 艹 艹 艹 苎 苎 苎 苎 莕 莕 蓋 蓋				
此	此					
이 차 止·2 총6획		l 上 上 止 止 此				
身	身					
몸 신 身·0 총7획		´ 亻 ㇁ 斤 自 身 身				
髮	髮					
터럭 발 髟·5 총15획		一 T F F 巨 長 長 镸 镸 髟 髟 髣 髮 髮 髮				
四	四					四大五常 : 네 가지 큰 것과 다섯 가지 떳떳함이 있으니, 즉 사대는 지·수·화·풍이요, 오상은 인·의·예·지·신이다
넉 사 口·0 총5획		l 冂 冂 四 四				
大	大					
큰 대 大·0 총3획		一 ナ 大				
五	五					
다섯 오 二·0 총4획		一 丁 五 五				
常	常					
항상 상 巾·8 총11획		ı ıı 屮 屮 屵 屵 堂 堂 常 常 常				

恭							恭惟鞠養 : 국양함을 공손히 하라, 이 몸은 부모의 기르신 은혜 때문이다.			
공손할 공 心·6 총 10획	一 十 卄 芇 芇 共 共 恭 恭 恭									
惟										
오직 유 忄·8 총 11획	丶 丷 忄 忄 忄 忙 忙 忙 忙 惟 惟									
鞠										
칠 국 革·8 총 17획	一 十 卄 丗 芇 芇 莒 莒 革 革 靪 靪 靪 鞠 鞠 鞠									
養										
기를 양 食·6 총 15획	丶 丷 丷 丷 羊 羊 羊 美 美 養 養 養 養 養 養									
豈							豈敢毀傷 : 부모께서 낳아 길러주신 이 몸을 어찌 감히 훼상할 수 있으리오.			
어찌 기 豆·3 총 10획	丶 屮 屮 屮 屮 屮 豈 豈 豈 豈									
敢										
감히 감 攵·8 총 12획	一 T 工 F F 丟 丟 耳 耳 耳 敢 敢									
毀										
헐 훼 殳·9 총 13획	丶 亻 亻 臼 臼 臼 卑 卑 毁 毁 毁 毁 毀									
傷										
상할 상 亻·11 총 13획	丿 亻 亻 亻 仁 仁 佢 佢 佢 佢 傷 傷 傷									

女慕貞烈 : 여자는 정조를 지키고 행실이 단정하여야 한다.

| 女 | 계집 녀 女·0 총3획 | 〈 夂 女 |

| 慕 | 사모할 모 心·11 총15획 | 丶 十 卝 丗 芇 芇 苢 苩 莒 茣 莫 慕 慕 慕 慕 |

| 貞 | 곧을 정 貝·2 총9획 | 丶 卜 广 与 卢 肖 甴 貞 貞 |

| 烈 | 매울 렬 灬·6 총10획 | 一 丆 歹 歹 列 列 列 列 烈 烈 |

男效才良 : 남자는 재능을 닦고 어진 것을 본받아야 한다.

| 男 | 사내 남 田·2 총7획 | 丨 冂 冂 日 田 罗 男 |

| 效 | 본받을 효 攵·6 총10획 | 丶 亠 六 亠 亥 交 効 効 効 效 |

| 才 | 재주 재 才·0 총3획 | 一 十 才 |

| 良 | 어질 량 艮·1 총7획 | 丶 ㇇ ㇇ 彐 艮 良 良 |

24

知	知						知過必改 : 허물인 것을 알면 반드시 고쳐야 한다.	
알 지 矢·3 총 8 획		ノ 厂 ㇗ 乇 矢 矢 知 知						
過	過							
지날 과 辶·9 총 13 획		丨 冂 冂 円 咼 咼 咼 咼 咼 過 過 過 過						
必	必							
반드시 필 心·1 총 5 획		㇀ ㇒ 必 必 必						
改	改							
고칠 개 攵·3 총 7 획		㇇ 乛 己 己 己ㄆ 改 改						
得	得						得能莫忘 : 사람으로서 알아야 할 것을 배우게 되면 잊지 않도록 노력해야 한다.	
얻을 득 彳·8 총 11 획		ノ ㇒ 彳 彳 彳 彳 彳 得 得 得 得						
能	能							
능할 능 肉·6 총 10 획		㇀ 厶 个 育 育 育 育 能 能 能						
莫	莫							
말 막 艹·7 총 11 획		丶 十 艹 艹 艹 苎 苩 苜 莫 莫 莫						
忘	忘							
잊을 망 心·3 총 7 획		丶 亠 亡 亡 忘 忘 忘						

罔談彼短 : 남의 잘못을 말하지 말라.

| 罔 | 없을 망 网·0 총 8획 | 丨 冂 冂 冈 冈 罔 罔 罔 |

| 談 | 말씀 담 言·8 총 15획 | 一 二 三 言 言 言 言 言 談 談 談 談 談 談 |

| 彼 | 저 피 彳·5 총 8획 | 丿 彳 彳 刅 彷 彷 彼 彼 |

| 短 | 짧을 단 矢·7 총 12획 | 丿 一 二 チ 矢 矢 矢 知 知 知 短 短 |

靡恃己長 : 자신의 특기를 자랑하지 말라. 그럼으로써 더욱 발전한다.

| 靡 | 아닐 미 非·11 총 19획 | 丶 一 广 广 广 广 麻 麻 麻 麻 麻 麻 靡 靡 靡 靡 靡 |

| 恃 | 믿을 시 忄·6 총 9획 | 丶 丶 忄 忄 忄 忄 恃 恃 恃 |

| 己 | 몸소 기 己·0 총 3획 | 一 コ 己 |

| 長 | 긴 장 長·0 총 8획 | 一 丆 F 투 투 투 長 長 |

信	믿을 신 亻·7 총 9획	信使可覆 : 믿음은 움직일 수 없는 진리이니 남과의 약속은 꼭 지켜야 한다. 丿 亻 亻 亻 信 信 信 信
使	부릴 사 亻·6 총 8획	丿 亻 亻 亻 信 信 使 使
可	옳을 가 口·2 총 5획	一 丁 可 可 可
覆	덮을 복 襾·12 총 18획	一 一 一 覀 覀 覀 覀 覀 覀 覆 覆 覆 覆 覆 覆
器	그릇 기 口·13 총 16획	器欲難量 : 사람의 기량은 깊고 깊어서 헤아리기가 어렵다. 丶 口 口 吅 吅 吅 哭 哭 哭 哭 器 器 器 器
欲	하고자할 욕 欠·7 총 11획	丿 人 父 父 谷 谷 谷 欲 欲 欲
難	어려울 난 隹·11 총 19획	一 十 廾 廾 甘 甘 莒 莫 莫 難 難 難 難 難 難 難
量	헤아릴 량 里·5 총 12획	丶 口 曰 日 旦 昌 昌 昌 量 量 量 量

27

墨	먹 묵 土·12 총 15획	墨悲絲染 : 흰 실에 검은 물이 들면 다시 희지 못함을 슬퍼한다. 즉 사람도 매사를 조심하여야 한다.

丶 冂 冂 冃 曰 甲 畢 里 黒 黒 黒 黒 黒 墨 墨

悲	슬플 비 心·8 총 12획

丿 丿 丬 丬 훠 非 非 非 非 悲 悲 悲

絲	실 사 糸·6 총 12획

丿 幺 幺 幺 幺 糸 紅 絲 絲 絲 絲 絲

染	물들일 염 木·5 총 9획

丶 丶 氵 氵 氿 氿 染 染 染

詩	글 시 言·6 총 13획	詩讚羔羊 : 시전 고양편에 문왕의 덕을 입은 남국 대부의 충직함을 칭찬한 글이다.

丶 一 二 三 三 言 言 訁 計 計 詩 詩

讚	칭찬할 찬 言·19 총 26획

丶 一 二 三 三 三 三 三 三 三 三 三 三 三 三 三 三 訁 訃 誆 諶 諶 讚 讚

羔	염소 고 羊·4 총 10획

丶 丷 丷 뜨 半 羊 羔 羔 羔 羔

羊	양 양 羊·0 총 6획

丶 丷 丷 뜨 兰 羊

景行維賢 : 행실을 훌륭하게 하면 어진사람이 된다는 것을 말함.

景	볕 경	日·8	총 12 획	丶 口 日 日 旦 昦 룊 景 景 景 景 景

| 行 | 다닐 행 | 行·0 | 총 6 획 | 丿 彳 彳 行 行 行 |

| 維 | 버리 유 | 糸·8 | 총 14 획 | 乚 纟 纟 纟 糸 糸 糹 紦 紏 紲 維 維 維 |

| 賢 | 어질 현 | 貝·8 | 총 15 획 | 一 丆 丆 丆 丞 臣 臤 臤 臤 腎 腎 腎 賢 賢 賢 |

剋念作聖 : 성인의 언행을 잘 생각하여 수양을 쌓으면 자연 성인이 됨을 말한 것이다.

| 剋 | 이길 극 | 刂·7 | 총 9 획 | 一 十 十 古 古 克 克 剋 剋 |

| 念 | 생각 념 | 心·4 | 총 8 획 | 丿 人 今 今 今 念 念 念 |

| 作 | 지을 작 | 亻·5 | 총 7 획 | 丿 亻 亻 亻 竹 作 作 |

| 聖 | 성인 성 | 耳·7 | 총 13 획 | 一 丆 丆 耳 耳 耳 耳 耴 聆 聆 聖 聖 聖 |

德	큰 덕 彳·12 총 15획	德建名立 : 덕으로서 세상 일을 행하면 자연히 이름도 세상에 나타나게 된다.

丿 彳 彳 彳 彳 彳 徝 徝 徳 徳 徳 徳 徳 徳

| 建 | 세울 건
廴·6 총 9획 |

フ ヨ ヨ ヨ ヨ 聿 聿 建 建

| 名 | 이름 명
口·3 총 6획 |

丿 ク 夕 夕 名 名

| 立 | 설 립
立·0 총 5획 |

丶 亠 十 立 立

| 形 | 형상 형
彡·4 총 7획 | 形端表正 : 형용이 단정하고 깨끗하면 정직함이 표면에 나타난다. |

一 二 チ 开 形 形 形

| 端 | 끝 단
立·9 총 14획 |

丶 丷 立 立 立 立 立 立 立 立 端 端 端 端

| 表 | 겉 표
衣·3 총 8획 |

一 十 丰 主 丰 丰 表 表

| 正 | 바를 정
止·1 총 5획 |

一 丅 下 正 正

空谷傳聲 : 산골짜기에서 소리를 치면 그대로 퍼져나간다. 즉 악한 소리를 하면 악한 소리를 전한다.

| 空 | 빌 공 | 穴·3 | 총 8 획 | 丶丶宀宀穴空空空 |

| 谷 | 골 곡 | 谷·0 | 총 7 획 | 丶丷八公父谷谷 |

| 傳 | 전할 전 | 亻·11 | 총 13 획 | 丿亻亻亻个但但伸伸傳傳傳傳 |

| 聲 | 소리 성 | 耳·11 | 총 17 획 | 一十士吉吉吉声声殸殸殸殸殸聲聲聲 |

虛堂習聽 : 빈 집에서 소리를 내면 울리며 들린다. 즉 선한 말을 하면 천리 밖에서도 응한다.

| 虛 | 빌 허 | 虍·6 | 총 12 획 | 丶丨卜广卢虍虚虚虚虚虛 |

| 堂 | 집 당 | 土·8 | 총 11 획 | 丶丷丷丷丷尚尚堂堂堂 |

| 習 | 익힐 습 | 羽·5 | 총 11 획 | 刁习羽羽羽羽羽羽習習習 |

| 聽 | 들을 청 | 耳·16 | 총 22 획 | 一丁干王耳耳耳耵耴耴耺聴聴聴聴聴聽聽聽聽 |

31

禍	禍															禍因惡積 : 재앙은 악을 쌓음으로 인한 것이기에 재앙을 받는 이는 평소에 악을 쌓았기 때문이다.
재화 화 示·9 총 14획		一	二	亍	示	示	示	秆	秆	秆	秆	禍	禍	禍	禍	

因	因
인할 인 口·3 총 6획	丨 冂 冃 円 因 因

惡	惡												
모질 악 心·8 총 13획		一	二	亍	亓	帀	亞	亞	亞,	惡	惡	惡	

積	積															
쌓을 적 禾·11 총 16획		一	二	千	千	禾	禾	秆	秆	秸	秸	積	積	積	積	積

福	福															福緣善慶 : 복은 착한 일에서 오는 것이니 그리하면 경사가 온다.
복 복 示·9 총 14획		一	二	亍	示	示	示	秆	秆	秆	秆	福	福	福	福	

緣	緣															
인연 연 糸·9 총 15획		𠃊	幺	幺	乡	糸	糸	紆	絆	緋	緑	緣	緣	緣		

善	善											
착할 선 口·9 총 12획		丶	丷	丷	羊	羊	羊	善	盖	善	善	善

慶	慶															
경사 경 心·11 총 15획		丶	亠	广	广	广	庐	庐	庐	庶	庶	慶	慶	慶	慶	

尺	자 척 尸·1 총 4획	ㄱ ㄱ 尸 尺						尺璧非寶 : 한 자 되는 구슬이라고 해서 보배라고는 할 수 없다.							
璧	구슬 벽 玉·13 총 18획	ㄱ ㄱ 尸 尺 居 居 居 居 居 居 居 辟 辟 辟 璧 璧 璧													
非	아닐 비 非·0 총 8획	ㅣ ㅓ ㅋ ㅋ 非 非 非 非													
寶	보배 보 宀·17 총 20획	ㆍ 宀 宀 宀 宀 宀 宀 宀 宀 宀 宀 寶 寶 寶 寶 寶 寶 寶													
寸	마디 촌 寸·0 총 3획	一 十 寸						寸陰是競 : 보배로운 구슬보다 짧은 시간이 더 귀중하다.							
陰	그늘 음 阝·8 총 11획	ㆍ ㄱ 阝 阝 阝 阝 阴 陰 陰 陰 陰													
是	이 시 日·5 총 9획	ㅣ ㄇ 日 日 旦 早 旱 是 是													
競	다툴 경 立·15 총 20획	ㆍ 그 ㄹ 훋 픕 픕 픕 声 竞 竞 竞 競 競 競 競 競 競 競													

資	資							資父事君 : 부모를 섬기는 효도로써 임금을 섬겨야 한다.				
재물 자 貝·6 총13획	一	厂	ア	次	次	佽	咨	咨	資	資	資	
父	父											
아버지 부 父·0 총4획	ノ	ハ	グ	父								
事	事											
일 사 亅·7 총8획	一	厂	亏	亏	写	写	事					
君	君											
임금 군 口·4 총7획	一	二	ヲ	尹	尹	君	君					
曰	曰							曰嚴與敬 : 임금을 대하는 데는 엄숙함과 공경함이 있어야 한다.				
가로 왈 曰·0 총4획	丨	冂	曰	曰								
嚴	嚴											
엄할 엄 口·17 총20획	丶	冖	罒	罒	罒	罒	严	严	严	厣	厣	嚴
與	與											
더불어 여 臼·7 총14획	ノ	亻	广	斤	斤	臼	台	台	鱼	鱼	與	與
敬	敬											
공경할 경 攴·9 총13획	丶	亠	艹	艹	艹	艻	苟	苟	苟	苟	敬	

孝	孝						孝當竭力 : 부모를 섬기는 데는 마땅히 힘을 다하여야 한다.						
효도 효 · 子·4 · 총 7획		一 十 土 耂 耂 考 孝												
當	當													
마땅할 당 · 田·8 · 총 13획		丨 丨 丷 ⺌ ⺌ 屶 尚 尚 尚 當 當 當 當												
竭	竭													
다할 갈 · 立·9 · 총 14획		丶 亠 一 立 立 立 竘 竘 竘 渇 竭 竭 竭												
力	力													
힘 력 · 力·0 · 총 2획		丁 力												
忠	忠							忠則盡命 : 충성한 즉 목숨을 다하니 임금을 섬기는 데 몸을 아껴서는 안 된다.						
충성 충 · 心·4 · 총 8획		丶 口 口 中 中 忠 忠 忠												
則	則													
곧 즉(칙) · 刂·7 · 총 9획		丨 冂 冂 月 目 貝 貝 則 則												
盡	盡													
다할 진 · 皿·9 · 총 14획		𠃍 ⺕ ⺕ 聿 聿 聿 肀 肀 肀 肀 盡 盡 盡												
命	命													
목숨 명 · 口·5 · 총 8획		丿 人 亼 亽 合 合 命 命												

臨	臨						臨深履薄 : 깊은 곳에 임하듯 하고 얇은 데를 밟듯이 하여 모든 일에 주의한다.							
임할 림(임) 臣·7　총 17 획	一 丨 丨 丨 丨 臣 臣 臣 臣 臣 臨 臨 臨 臨 臨 臨 臨														
深	深													
깊을 심 氵·8　총 11 획	丶 丶 氵 氵 氵 氵 氵 深 深 深 深														
履	履													
밟을 리 尸·12　총 15 획	一 コ 尸 尸 尸 尸 尸 尸 尸 尸 尸 尸 尸 履 履														
薄	薄													
얇을 박 艹·13　총 17 획	丶 艹 艹 艹 艹 艹 艹 艹 艹 艹 艹 艹 薄 薄 薄 薄 薄														
夙	夙						夙興溫凊 : 일찍 일어나서 추우면 덥게 하고 더우면 서늘하게 하는 것이 부모를 섬기는 절차이다.							
이를 숙 夕·3　총 6 획	丿 几 凡 夙 夙 夙														
興	興													
흥할 흥 臼·9　총 16 획	丶 丨 丨 丨 旧 旧 旧 用 用 用 用 用 興 興 興 興														
溫	溫													
따뜻할 온 氵·9　총 13 획	丶 丶 氵 氵 氵 氵 氵 氵 氵 溫 溫 溫 溫														
凊	凊													
서늘할 청 氵·8　총 11 획	丶 丶 氵 氵 氵 氵 凊 凊 凊 凊 凊														

似							似蘭斯馨 : 난초같이 꽃다우니 군자의 행실을 비유한 것이다.								
같을 사 亻·5 총 7획	ノ 亻 亻' 亻' 亻' 似 似														
蘭															
난초 란 艹·17 총 21획	ㅣ 卝 卝 ⺿ ⺿ ⺿ 門 門 門 門 蕑 蕑 蕑 蕑 蕳 蘭 蘭														
斯															
이 사 斤·8 총 12획	一 十 卄 廿 甘 其 其 其 其' 斯 斯 斯														
馨															
향기 형 香·11 총 20획	一 十 土 声 吉 吉 声 声 殸' 殸 殸 殸 磬 磬 磬 磬 馨 馨														
如							如松之盛 : 소나무 같이 푸르고 성함은 군자의 절개를 말한 것이다.								
같을 여 女·3 총 6획	く 女 女 如 如 如														
松															
소나무 송 木·4 총 8획	一 十 才 木 木' 朴 松 松														
之															
갈 지 ノ·3 총 4획	丶 亠 之 之														
盛															
성할 성 皿·7 총 12획	ノ 厂 厂 厈 成 成 成 成 盛 盛 盛 盛														

川	川						川流不息 : 냇물이 흘러 쉬지 않으니 군자의 행지를 말함.		
내 천 〈〈〈·0 총3획		ノ 丿 川							
流	流								
흐를 류 氵·7 총10획		丶 氵 氵 氵 汸 浐 浐 浐 流 流							
不	不								
아니 불 一·3 총4획		一 ア 不 不							
息	息								
쉴 식 心·6 총10획		' 亻 冖 自 自 自 自 息 息 息							
淵	淵						淵澄取映 : 못이 맑아 비치니 즉, 군자의 마음을 말함.		
못 연 氵·9 총12획		丶 氵 氵 氵 汌 汌 沢 浐 渊 渊 淵 淵							
澄	澄								
맑을 징 氵·12 총15획		丶 氵 氵 氵 氵 氵 泮 泮 涔 涔 澄 澄 澄 澄 澄							
取	取								
취할 취 又·6 총8획		一 ア ア ド 耳 耳 取 取							
映	映								
비칠 영 日·5 총9획		丨 冂 日 日 旷 旷 映 映							

容	容						容止若思 : 행동을 침착히 하고 사물에 대하여 깊이 생각하는 태도를 가져라.
얼굴 용 宀·7 총 10획		丶 丶 宀 宀 宀 宀 穴 灾 容 容					
止	止						
그칠 지 止·0 총 4획		丨 卜 止 止					
若	若						
같을 약 艹·5 총 9획		丶 十 十 艹 艹 芊 芊 若 若					
思	思						
생각 사 心·5 총 9획		丨 冂 冂 田 田 甲 思 思 思					
言	言						言辭安定 : 태도만 침착할 뿐 아니라 언사도 차분히 하여 쓸데없는 말을 삼가라.
말씀 언 言·0 총 7획		一 二 三 言 言 言 言					
辭	辭						
말씀 사 辛·12 총 19획		(필순)					
安	安						
편안 안 宀·3 총 6획		丶 丶 宀 宀 安 安					
定	定						
정할 정 宀·5 총 8획		丶 丶 宀 宀 宀 宁 定 定					

篤初誠美 : 무엇이든지 처음에 성실하고 신중히 함은 참으로 아름다운 것이다.

| 篤 | 도타울 독 | 竹·10 | 총 16획 |

′ ⺊ ⺮ ⺮ ⺮ ⺮ 竹 竺 笁 笁 笁 篤 篤 篤 篤 篤

| 初 | 처음 초 | 刀·5 | 총 7획 |

′ ⺹ ⺹ 礻 衤 初 初

| 誠 | 정성 성 | 言·7 | 총 14획 |

一 二 三 三 亖 言 言 言 訁 訐 誠 誠 誠 誠

| 美 | 아름다울 미 | 羊·3 | 총 9획 |

′ ′′ ⺷ ⺷ ⺷ 羊 美 美 美

愼終宜令 : 처음뿐만 아니라 끝맺음도 좋아야 한다.

| 愼 | 삼갈 신 | 心·10 | 총 13획 |

′ ′ 忄 忄 忄 忄 怡 怡 怡 怡 愼 愼 愼

| 終 | 마지막 종 | 糸·5 | 총 11획 |

′ ⺌ ⺌ 幺 糸 糸 糸 終 終 終 終

| 宜 | 마땅 의 | 宀·5 | 총 8획 |

′ ′′ 宀 宀 官 官 官 宜

| 令 | 하여금 령 | 人·3 | 총 5획 |

′ 人 𠆢 今 令

榮業所基 : 이상과 같이 지켜 행하면 번성하는 기반이 된다.

| 榮 | 영화 영 木·10 총 14획 | 丶 丷 艹 炏 炏 炒 炊 烨 烨 燃 熒 熒 榮 榮 |

| 業 | 업 업 木·9 총 13획 | 丨 丷 丷 业 业 业 业 业 学 学 業 業 業 |

| 所 | 바 소 戶·4 총 8획 | 丶 厂 厃 戶 戶 所 所 所 |

| 基 | 터 기 土·8 총 11획 | 一 十 艹 廿 甘 甘 其 其 其 其 基 |

籍甚無竟 : 또한 자신의 명예스러운 이름이 영원히 전하여질 것이다.

| 籍 | 호적 적 竹·14 총 20획 | 丶 丿 ㅏ 夂 夵 ダ 竺 笁 笁 笄 笄 笄 籍 籍 籍 籍 籍 |

| 甚 | 심할 심 甘·4 총 9획 | 一 十 艹 廿 甘 其 其 其 甚 |

| 無 | 없을 무 灬·8 총 12획 | 丿 亻 仁 仁 午 血 쓔 無 無 無 無 無 |

| 竟 | 마침내 경 立·6 총 11획 | 丶 一 亠 立 产 产 音 音 音 竟 竟 |

41

學優登仕 : 배운 것이 넉넉하면 벼슬에 오를 수 있다.

學 배울 학 子·13 총 16획	ˋ ˊ ˊ ˊ ˊ ˊ ˊ ˊ 𦥑 𦥑 𦥑 學 學 學 學 學
優 넉넉할 우 亻·15 총 17획	ノ 亻 亻 亻 亻 俨 俨 俨 偛 傌 傌 憂 憂 優 優 優
登 오를 등 癶·7 총 12획	ノ 丆 癶 癶 癶 癶 癶 登 登 登 登 登
仕 벼슬 사 亻·3 총 5획	ノ 亻 亻 什 仕

攝職從政 : 벼슬을 잡아 정사에 좇는다는 뜻으로, 정치에 참여한다는 말이다.

攝 잡을 섭 扌·18 총 21획	一 十 扌 扌 扌 扌 扌 扎 扎 扗 攝 攝 攝 攝 攝 攝 攝 攝
職 벼슬 직 耳·12 총 18획	一 丆 ㄓ F F 耳 耳 耳 耵 耴 耵 職 職 職 職 職 職
從 좇을 종 彳·8 총 11획	ノ 彳 彳 彳 彳 彳 從 從 從 從 從
政 정사 정 攵·5 총 9획	一 丆 下 下 正 正 政 政 政

42

存以甘棠 : 주나라 소공이 남국의 아가위나무 아래서 백성을 교화하였다.

| 存 | 있을 존 | 子·3 | 총 6획 | 一 ナ オ オ 存 存 |

| 以 | 써 이 | 人·3 | 총 5획 | ㅣ ㄴ ㅼ 以 以 |

| 甘 | 달 감 | 甘·0 | 총 5획 | 一 十 廿 甘 甘 |

| 棠 | 아가위 당 | 木·8 | 총 12획 | 丶 丶 ⺍ ⺌ 씅 쓩 쑝 얃 쓩 堂 棠 棠 |

去而益詠 : 소공이 죽은 후 남국의 백성들이 그의 덕을 추모하여 감당시를 읊었다.

| 去 | 갈 거 | 厶·3 | 총 5획 | 一 十 土 去 去 |

| 而 | 말이을 이 | 而·0 | 총 6획 | 一 ㄱ ㄧ 了 而 而 |

| 益 | 더할 익 | 皿·5 | 총 10획 | ㇒ 스 쓰 쓰 쏘 쏘 쏘 益 益 益 |

| 詠 | 읊을 영 | 言·5 | 총 12획 | 一 ㄧ ㄧ 言 言 言 言 言 訁 訂 詠 詠 |

樂	樂						樂殊貴賤 : 풍류는 귀천이 다르니 천자는 팔일, 제후는 육일, 사대부는 사일, 서민은 이일이다.						
풍류 악 木·11 총 15 획	′	ſ	冂	白	白	伯	柏	泊	冰	幽	樂	樂	樂	樂
殊	殊													
다를 수 歹·6 총 10 획	一	ア	万	歹	歹	歺	殊	殊	殊					
貴	貴													
귀할 귀 貝·5 총 12 획	丶	冂	口	中	虫	虫	冉	冉	貴	貴	貴			
賤	賤													
천할 천 貝·8 총 15 획	丨	冂	月	月	目	貝	貝	貯	賎	賎	賎	賤	賤	賤
禮	禮						禮別尊卑 : 예도에 존비의 분별이 있으니 군신·부자·부부·장유·붕우의 차별이 있다.						
예도 례 示·13 총 18 획	一	二	干	干	示	示	和	视	视	禮	禮	禮	禮	禮
別	別													
다를 별 刂·5 총 7 획	丨	冂	口	另	另	別	別							
尊	尊													
높을 존 寸·9 총 12 획	′	ハ	스	卢	台	台	台	酉	酋	尊	尊			
卑	卑													
낮을 비 十·6 총 8 획	′	⺊	冂	白	白	白	卑	卑						

上						上和下睦 : 위에서 사랑하고 아래에서 공경하므로 화목하게 된다.
윗 상 一·2　총 3 획	丨 卜 上					
和						
화할 화 口·5　총 8 획	一 二 千 千 禾 禾 和 和					
下						
아래 하 一·2　총 3 획	一 丁 下					
睦						
화목할 목 目·8　총 13 획	丨 刀 月 月 目 目一 目+ 旷 胩 胠 睦 睦					
夫						夫唱婦隨 : 지아비가 부르면 지어미가 따르니, 즉 원만한 가정을 말한 것이다.
지아비 부 大·1　총 4 획	一 二 丰 夫					
唱						
부를 창 口·8　총 11 획	丨 口 口 미 叩 明 唱 唱 唱					
婦						
아내 부 女·8　총 11 획	く 夕 女 女 女′ 女⁼ 妒 婦 婦 婦					
隨						
따를 수 阝·13　총 16 획	′ 3 阝 阝 阝一 阝⁺ 阝⁺ 阝⁼ 阝⁼ 陏 隋 隋 隋 隨 隨					

外	外						外受傅訓 : 여덟 살이 되면 밖에서 스승의 가르침을 받아야 한다.		
바깥 외 夕·2 총5획		ノ ク タ 列 外							
受	受								
받을 수 又·6 총8획		⌒ ⌒ ⌒ ⌒ ⌒ 受 受 受							
傅	傅								
스승 부 亻·10 총12획		ノ 亻 亻 亻 伫 何 伯 值 值 值 傅 傅							
訓	訓								
가르칠 훈 言·3 총10획		一 二 三 三 言 言 言 訓 訓							
入	入						入奉母儀 : 집에 들어와서는 어머니의 뜻을 받들어 가정교육을 받는다.		
들 입 入·0 총2획		ノ 入							
奉	奉								
받들 봉 大·5 총8획		一 二 三 丰 夫 表 表 奉							
母	母								
어미 모 母·1 총5획		乚 乃 毋 毋 母							
儀	儀								
거동 의 亻·13 총15획		ノ 亻 亻 亻 俨 俨 俨 俨 俨 俨 儀 儀 儀							

諸	諸						諸姑伯叔 : 고모와 백부, 숙부 등 집안의 여러 친척들을 말함.							
모두 제 言·9 총 16획		一	二	三	彐	言	言	言	計	計	訣	諸	諸	諸
姑	姑													
할미 고 女·5 총 8획		ㄑ	ㄥ	女	女一	如	妌	姑	姑					
伯	伯													
맏 백 亻·5 총 7획		ノ	亻	亻'	亻'	伯	伯	伯						
叔	叔													
아저씨 숙 又·6 총 8획		丨	卜	上	才	才	未	叔	叔					
猶	猶						猶子比兒 : 조카들도 자신의 아들과 같이 대하여야 한다.							
같을 유 犭·9 총 12획		ノ	犭	犭	犭'	犭'	犭'	犭'	猶	猶	猶	猶		
子	子													
아들 자 子·0 총 3획		乛	了	子										
比	比													
견줄 비 比·0 총 4획		一	上	比	比									
兒	兒													
아이 아 儿·6 총 8획		ノ	亻	白	臼	臼	臼	臼	兒					

孔								孔懷兄弟 : 형제는 서로 사랑하여 의 좋게 지내야 한다.	
구멍 공 子·1 총 4획	ㄱ 了 子 孔								
懷									
품을 회 忄·16 총 19획	ㆍ ㆍㆍ 忄 忄ˊ 忙 忙 忙 忙 忙 愲 愲 愲 愲 懷 懷 懷 懷								
兄									
맏 형 儿·3 총 5획	ㅣ ㅁ ㅁ ㄕ 兄								
弟									
아우 제 弓·4 총 7획	ㆍ ㆍㆍ ㆍㆍㆍ 丷 ㅛ 弟 弟								
同								同氣連枝 : 형제는 부모의 기운을 같이 받았으니 나무의 가지와 같다.	
한가지 동 口·3 총 6획	ㅣ ㄇ 冂 同 同 同								
氣									
기운 기 气·6 총 10획	ㆍ ㆍㆍ ㅌ 气 气 气 氛 氣 氣 氣								
連									
연할 련(연) 辶·7 총 11획	一 ㄱ ㄇ 亘 亘 車 車 車 連 連 連								
枝									
가지 지 木·4 총 8획	一 ㄴ ㄱ 木 木 杧 杧 枝								

交友投分 : 벗을 사귀는 데는 서로가 분수에 맞는 사람끼리 사귀어야 한다.

交	사귈 교	亠·4	총 6 획	丶 亠 亠 六 交 交
友	벗 우	又·2	총 4 획	一 ナ 方 友
投	던질 투	扌·4	총 7 획	一 十 扌 扩 护 抄 投
分	나눌 분	刀·2	총 4 획	丿 八 今 分

切磨箴規 : 열심히 닦고 배워서 사람으로서의 도리를 지켜야 한다.

切	자를 절	刀·2	총 4 획	一 七 切 切
磨	갈 마	石·11	총 16 획	丶 亠 广 广 庁 庁 庁 庐 庐 麻 麻 麽 麽 磨 磨 磨
箴	경계 잠	竹·9	총 15 획	丿 ト ベ ベ 灯 竹 竹 竹 竹 笁 笁 箴 箴 箴
規	법 규	見·4	총 11 획	一 二 扌 夫 扫 扫 抑 担 規 規 規

49

仁	仁	ノ 亻 亻 仁					仁慈隱惻 : 어진 마음으로 남을 사랑하고 또한 이를 측은히 여겨야 한다.
어질 인 亻·2 총 4획							
慈	慈	丶 丷 丷 并 茲 茲 茲 茲 兹 兹 兹 慈 慈 慈					
인자할 자 心·9 총 13획							
隱	隱	丶 阝 阝 阝 阝 阝 阝 阝 阝 陉 隱 隱 隱 隱 隱 隱					
숨을 은 阝·14 총 17획							
惻	惻	丶 丷 忄 忄 忄 忄 忄 忄 惻 惻 惻 惻					
슬플 측 忄·9 총 12획							
造	造	丿 丶 丨 生 生 告 告 告 浩 浩 造					造次弗離 : 잠시 동안이라도 남을 염려하는 마음이 흐트러져서는 안 된다.
지을 조 辶·7 총 11획							
次	次	丶 丶 丶 次 次 次					
버금 차 欠·2 총 6획							
弗	弗	一 ニ 弓 弗 弗					
아닐 불 弓·2 총 5획							
離	離	丶 一 亠 亠 宀 离 离 离 离 离 离 离 離 離 離 離					
떠날 리 隹·11 총 19획							

節							節義廉退 : 절개와 의리, 청렴과 사양은 늘 지켜야 한다.							
마디 절 竹·9 총 15획	ノ	ト	ナ	ケ	ゲ	ゲ	灯	笳	笳	笳	笳	筲	筲	節
義														
옳을 의 羊·7 총 13획	ヽ	ヾ	ニ	ソ	羊	主	美	羊	羊	義	義	義		
廉														
청렴 렴 广·10 총 13획	ヽ	一	广	广	广	产	庐	庐	彦	庫	庫	廉	廉	
退														
물러갈 퇴 辶·6 총 10획	7	ㄱ	ㅋ	ㅋ	艮	艮	良	艮	退	退	退			
顚							顚沛匪虧 : 엎어지고 자빠져도 이지러지지 않으니 용기를 잃지 말라.							
기울어질 전 頁·10 총 19획	一	ㄴ	ㅏ	匕	片	卣	卣	直	眞	眞	眞	顚	顚	顚
沛														
자빠질 패 氵·4 총 7획	ヽ	ニ	シ	氵	汀	沪	沛							
匪														
아닐 비 匚·8 총 10획	一	丆	丅	𰀁	𰀁	丬	丬	非	匪	匪				
虧														
이지러질 휴 虍·11 총 17획	ㅣ	ㅏ	ㅑ	广	虍	虍	虎	虍	虎	虚	虖	虧	虧	虧

性靜情逸 : 성품이 고요하면 뜻이 편안하니 고요는 천성이고 동작은 인정이다.

| 性 | 성품 성 / 忄·5 / 총 8 획 | ㇒ 丶 忄 忄 忄 忄 性 性 |

| 靜 | 고요 정 / 青·8 / 총 16 획 | 一 十 丰 主 丰 青 青 青 青 青 青 靑 靜 靜 靜 靜 |

| 情 | 뜻 정 / 忄·8 / 총 11 획 | ㇒ 丶 忄 忄 忄 忄 忄 情 情 情 情 |

| 逸 | 편안할 일 / 辶·8 / 총 12 획 | ㇒ ㇒ ㇇ ⺈ 乞 免 免 免 免 逸 逸 逸 |

心動神疲 : 마음이 움직이면 신기가 피곤하고 마음이 불안하면 신기도 불편하다.

| 心 | 마음 심 / 心·0 / 총 4 획 | ㇀ 心 心 心 |

| 動 | 움직일 동 / 力·9 / 총 11 획 | 一 二 千 千 千 重 重 重 重 動 動 |

| 神 | 귀신 신 / 示·5 / 총 10 획 | 一 二 亍 亍 亓 示 和 和 和 神 |

| 疲 | 가쁠 피 / 疒·5 / 총 10 획 | 丶 一 广 广 疒 疒 疒 疲 疲 疲 |

守眞志滿 : 사람이 본래의 진실을 지키면 뜻이 커지니 군자의 뜻을 곧게 지키면 뜻이 편안하다.

| 守 | 지킬 수 ⼧·3 총 6획 | 丶 丶 宀 宀 守 守 |

| 眞 | 참 진 目·5 총 10획 | 一 匕 ⼔ 㫃 肖 肖 旨 眞 眞 眞 |

| 志 | 뜻 지 心·3 총 7획 | 一 十 士 ⼠ 志 志 志 |

| 滿 | 찰 만 ⺡·11 총 14획 | 丶 氵 氵 汁 汁 汁 汁 汁 㵎 滿 滿 滿 滿 滿 |

逐物意移 : 사물을 탐내면 마음의 선의가 불선으로 변한다.

| 逐 | 쫓을 축 ⻌·7 총 11획 | 一 ⼸ 豸 豸 豸 豕 豕 豖 逐 逐 |

| 物 | 만물 물 牛·4 총 8획 | 丿 ⺧ 牜 牛 牜 物 物 物 |

| 意 | 뜻 의 心·9 총 13획 | 一 二 ⺌ 立 产 音 音 音 音 意 意 意 |

| 移 | 옮길 이 禾·6 총 11획 | 一 二 千 千 禾 禾 秒 秒 移 移 移 |

堅	堅						堅持雅操 : 맑은 지조를 굳게 가지면 나의 도리가 극진하게 된다.					
굳을 견 土·8 총 11획		一 丆 丞 丞 丞 臣 臣 臤 臤 堅 堅										
持	持											
가질 지 扌·6 총 9획		一 十 才 扌 扌 扩 抖 抟 持 持										
雅	雅											
맑을 아 隹·4 총 12획		一 匚 牙 牙 牙 邪 邪 邪 雅 雅 雅										
操	操											
잡을 조 扌·13 총 16획		一 十 才 扌 扌 扩 护 护 押 押 捛 捛 挭 操 操 操										
好	好						好爵自縻 : 좋은 벼슬이 스스로 내 몸에 이르게 된다.					
좋을 호 女·3 총 6획		〈 夕 女 女 好 好										
爵	爵											
벼슬 작 爪·14 총 18획		一 亠 亠 亠 罒 罒 罒 罒 甼 甼 甼 罾 罾 罾 罾 爵 爵 爵										
自	自											
스스로 자 自·0 총 6획		⺈ 亻 自 自 自 自										
縻	縻											
얽을 미 糸·11 총 17획		丶 一 广 广 广 庁 庁 庐 庐 麻 麻 麻 縻 縻 縻 縻 縻										

都	都	도읍 도 阝·9 총 12획	一 十 土 尹 才 者 者 者 者 者' 都 都

都邑華夏 : 화하에 왕성의 도읍을 정하니 시대를 따라 수도가 다르다.

邑	邑	고을 읍 邑·0 총 7획	丶 口 口 吊 吊 呂 邑
華	華	빛날 화 艹·8 총 12획	丶 十 艹 艹 芏 芏 芏 芏 莛 莛 華
夏	夏	여름 하 夂·7 총 10획	一 厂 丆 币 盾 百 盾 頁 夏 夏

東西二京 : 동과 서에 두 서울이 있으니 동경은 낙양이고 서경은 장안이다.

東	東	동녘 동 木·4 총 8획	一 厂 冂 冃 目 申 東 東
西	西	서녘 서 西·0 총 6획	一 厂 冂 两 西 西
二	二	두 이 二·0 총 2획	一 二
京	京	서울 경 亠·6 총 8획	丶 亠 亠 古 古 亨 京 京

背								背邙面洛 : 동경인 낙양은 북망산을 배경으로 하고 낙수가 앞에 있다.			
등 배 肉·5 총 9획	一 十 士 뇨 北 北 背 背 背										
邙											
터 망 阝·3 총 6획	丶 亠 亡 亡 邙 邙										
面											
낯 면 面·0 총 9획	一 ア 丆 币 而 而 面 面 面										
洛											
낙수 락 氵·6 총 9획	丶 丶 氵 汐 汐 汊 洛 洛 洛										
浮								浮渭據涇 : 서경인 장안은 위수 부근에 위치하고 경수에 의거하여 위치하였다.			
뜰 부 氵·7 총 10획	丶 丶 氵 氵 氵 浮 浮 浮 浮 浮										
渭											
위수 위 氵·9 총 12획	丶 丶 氵 氵 氵 渭 渭 渭 渭 渭 渭 渭										
據											
웅거할 거 扌·13 총 16획	一 丁 扌 扌 扩 扩 扩 扩 扩 捛 捛 捛 捛 捛 據										
涇											
경수 경 氵·7 총 10획	丶 丶 氵 氵 氵 涇 涇 涇 涇 涇										

宮	宮						宮殿盤鬱 : 궁전은 울창한 나무 사이에 서린 듯 정하였다.						
집 궁 宀·7 총 10 획		丶 丷 宀 宀 宀 宀 宁 宁 宮 宮											
殿	殿												
대궐 전 殳·9 총 13 획		一 フ ア ア ア 尸 屈 屈 屏 屏 屏 殿 殿											
盤	盤												
서릴 반 皿·10 총 15 획		丶 丿 冂 冃 冉 舟 舟 舟 舟 舟 般 般 盤 盤											
鬱	鬱												
답답할 울 鬯·19 총 29 획		一 十 扌 木 杧 枃 柆 林 椛 椛 椛 椛 椛 鬱 鬱 鬱 鬱 鬱 鬱 鬱											
樓	樓						樓觀飛驚 : 궁전 안의 고루(高樓)와 관대(觀台)는 놀란 새가 날아오르는 듯 웅장한 기세이다.						
다락 루 木·11 총 15 획		一 十 扌 木 朳 朳 朴 桁 桁 桁 椙 楩 樓 樓 樓											
觀	觀												
볼 관 見·18 총 25 획		丶 丨 丄 艹 艹 艹 艹 苢 苪 䒑 䒑 萑 萑 雚 雚 雚 雚 雚月 雚月 雚月 觀 觀											
飛	飛												
날 비 飛·0 총 9 획		乁 乁 飞 飞 飞 飞 飞 飛 飛											
驚	驚												
놀랄 경 馬·13 총 23 획		丶 丨 丄 艹 艹 艿 苟 苟 苟 敬 敬 敬 敬 驚 驚 驚 驚 驚											

圖	圖														圖寫禽獸 : 궁전 내부에는 새와 짐승의 그림과 조각 등으로 장식되어 있다.		
그림 도 口·11 총14획		丨	冂	冂	冋	冋	冋	周	周	周	周	圖	圖	圖			
寫	寫																
베낄 사 宀·12 총15획		丶	宀	宀	宀	宀	宀	宀	宀	宀	寫	寫	寫	寫	寫		
禽	禽																
새 금 内·8 총13획		丿	人	人	今	今	今	盒	盒	禽	禽	禽	禽				
獸	獸																
짐승 수 犬·15 총19획		丶	丨	吅	吅	吅	吅	吅	留	留	留	嘼	嘼	嘼	獸	獸	獸
畫	畫														畫彩仙靈 : 신선과 신령의 그림도 화려하게 채색되어 있다.		
그림 화 田·7 총12획		一	彐	彐	聿	畫	畫	畫	畫	畫	畫	畫					
彩	彩																
채색 채 彡·8 총11획		丶	丿	乊	巠	平	采	采	采	彩	彩	彩					
仙	仙																
신선 선 亻·3 총5획		丿	亻	仁	仙	仙											
靈	靈																
신령 령 雨·16 총24획		一	冖	冖	雨	雨	雨	雨	雲	雲	雲	雲	雲	雲	靈	靈	靈

58

丙	丙						丙舍傍啓:궁전 사이에는 많은 관사가 있고 길이 옆으로 나 있어 궁전 내의 출입을 편리하게 하였다.				

남녘 병 一·4 총 5획 　一 丆 丙 丙 丙

집 사 舌·2 총 8획 　ノ 入 스 合 全 余 舍 舍

곁 방 亻·10 총 12획 　ノ 亻 亻 亻 仁 仨 俈 俈 俈 倍 傍 傍

열 계 口·8 총 11획 　丶 ㇓ 尸 尸 尸 尸 启 启 啓 啓

甲帳對楹:화려한 갑장이 기둥을 대하였으니 동방삭이 갑장을 지어 임금이 잠시 머무르는 곳이다.

갑옷 갑 田·0 총 5획 　丨 冂 冂 日 甲

장막 장 巾·8 총 11획 　丨 冂 巾 帄 帄 帄 帳 帳 帳 帳 帳

대답 대 寸·11 총 14획 　丨 刂 刂 丬 业 业 业 业 业 丵 丵 對 對

기둥 영 木·9 총 13획 　一 十 オ 木 朩 杦 柗 柗 柗 楩 楹 楹

肆筵設席 : 자리를 베풀고 돗자리를 펴니 연회장이다.

肆	베풀 사	聿·7	총 13획	字순: 一 T F F E E 長 長 長 肆 肆 肆 肆
筵	자리 연	竹·7	총 13획	字순: ノ ト 大 * ** *** **** ***** 筵 筵 筵 筵
設	베풀 설	言·4	총 11획	字순: 一 二 三 言 言 言 言 訁 設 設 設
席	자리 석	巾·7	총 10획	字순: 、 亠 广 广 庐 庐 庐 席 席

鼓瑟吹笙 : 비파를 치고 생황저를 부니 잔치하는 풍류이다.

鼓	북 고	鼓·0	총 13획	字순: 一 十 士 吉 吉 吉 吉 壴 壴 鼓 鼓 鼓
瑟	비파 슬	玉·9	총 13획	字순: 一 二 千 王 王 玉 珏 珏 琴 瑟 瑟 瑟
吹	불 취	口·4	총 7획	字순: 丶 口 口 叭 吵 吹
笙	생황 생	竹·5	총 11획	字순: ノ ト 大 * ** *** **** 竺 竺 笙 笙

陞	陞							陞階納陛 : 문무백관이 계단을 올라 임금께 납폐하는 절차이니라.							
오를 승 ß·7 총 10획		´	⻖	ß	ßˊ	ßㅗ	ßㅛ	ßㅛ	陞	陞	陞				
階	階														
섬돌 계 ß·9 총 12획		´	⻖	ß	ßˊ	ßㅗ	ßㅛ	ßㅛ	陛	階	階	階			
納	納														
드릴 납 糸·4 총 10획		く	幺	纟	纟	糸	糸	糹	紅	納	納				
陛	陛														
섬돌 폐 ß·7 총 10획		´	⻖	ß	ßˊ	ßㅗ	ßㅛ	ßㅛ	陛	陛	陛				
弁	弁							弁轉疑星 : 많은 사람들이 쓴 관에서 그들의 움직임에 따라 번쩍이는 구슬이 별인가 의심할 정도이다.							
고깔 변 廾·2 총 5획		⼂	厶	스	弁	弁									
轉	轉														
구를 전 車·11 총 18획		一	厂	冂	日	旦	車	車	車	車	車	車	車	車	轉 轉
疑	疑														
의심할 의 疋·9 총 14획		一	匕	乍	仨	乍	吳	吳	吳	疑	疑	疑	疑		
星	星														
별 성 日·5 총 9획		丶	冂	日	日	旦	早	早	星	星					

右							右通廣內 : 오른편에 광내가 통하니 광내는 나라 비서를 두는 집이다.				
오른 우 口·2 　총 5 획	ノ ナ ナ 右 右　※左와 다름.										
通											
통할 통 辶·7 　총 11 획	フ マ ア ア 甬 甬 甬 涌 涌 涌 通										
廣											
넓을 광 广·12　총 15 획	丶 一 广 广 广 产 产 产 庐 庐 席 庐 廣 廣 廣										
內											
안 내 入·2 　총 4 획	丨 冂 內 內										
左							左達承明 : 왼편에 승명이 사무치니 승명은 사기를 교열하는 집이다.				
왼 좌 工·2 　총 5 획	一 ナ ナ 左 左　※右와 다름.										
達											
통달할 달 辶·9 　총 13 획	一 十 土 士 去 查 查 查 幸 幸 逹 逹 達										
承											
이을 승 手·4 　총 8 획	フ 了 子 手 手 丞 承 承										
明											
밝을 명 日·4 　총 8 획	丨 冂 日 日 旫 明 明 明										

既集墳典 : 이미 삼분과 오전의 옛 서적을 모았으니 삼황의 글은 삼분이요, 오제의 글은 오전이다.

旣	이미 기	无·5	총 11획	＇ ´ ㇰ ㇿ 白 皀 皀 皂 皍 旣 旣
集	모을 집	隹·4	총 12획	／ ィ ㇑ ㇿ 竹 ㇿ 隹 隹 焦 隼 集 集
墳	무덤 분	土·12	총 15획	一 十 土 圵 圵 圵 圵 圵 圵 坊 坊 墳 墳 墳 墳
典	법 전	八·6	총 8획	丨 冂 曰 甴 曲 曲 典 典

亦聚群英 : 또한 여러 영웅을 모으니 분전을 강론하여 치국의 법을 밝힘이라.

亦	또 역	亠·4	총 6획	＇ 一 亠 亣 亣 亦
聚	모을 취	耳·8	총 14획	一 厂 F F 耳 耳 取 取 取 聚 聚 聚 聚 聚
群	무리 군	羊·7	총 13획	㇇ ㇌ ㇌ 尹 尹 君 君 君 君ˊ 君ˊ 君ˊ 群ˊ 群
英	꽃부리 영	艹·5	총 9획	丶 十 艹 艹 艹 苎 莅 英 英

杜	杜				杜稾鍾隸 : 초서를 처음으로 쓴 두백도와 예서를 쓴 종요의 글도 비치되었다.									
막을 두 木·3 총 7획	一 十 ォ 木 朴 杜													
稾	稾													
짚 고 禾·10 총 15획	丶 亠 亠 亠 亠 声 高 高 高 高 高 稾 稾 稾													
鍾	鍾													
쇠북 종 金·9 총 17획	丿 𠂉 𠂊 乍 𠂉 숲 金 釒 鈩 鈩 鉑 鉑 鈩 鋪 鍾 鍾 鍾													
隸	隸													
글씨 예 隶·8 총 16획	一 十 土 士 吉 青 耒 耒 耒 耒 耒 隸 隸 隸 隸													
漆	漆				漆書壁經 : 한나라 영제가 돌벽에서 발견한 옻으로 쓴 서적과 공자가 발견한 육경도 비치되어 있었다.									
옻칠할 칠 氵·11 총 14획	丶 丶 氵 氵 汁 汁 沐 沐 泳 漆 漆 漆 漆 漆													
書	書													
글 서 日·6 총 10획	一 コ ヨ 聿 聿 聿 書 書 書 書													
壁	壁													
벽 벽 土·13 총 16획	丶 丶 尸 尸 尽 㞌 㞌 㞌 㞌 辟 辟 辟 辟 壁 壁 壁													
經	經													
글 경 糸·7 총 13획	丶 ㄠ 幺 幺 幺 糸 糸 糸 䋇 經 經 經 經													

府	府						府羅將相 : 마을 좌우에 장수와 정승이 벌여 있느니라.
마을 부 广·5 총 8획	`丶 亠 广 广 产 广 府 府`						

羅	羅						
벌일 라 罒·14 총 19획	`丨 冂 冖 罒 罒 罗 罗 罗 罘 罪 罪 羅 羅 羅`						

將	將						
장수 장 寸·8 총 11획	`丨 丬 丬 丬 丬ˋ 丬ˊ 丬ˊ 將 將 將 將`						

相	相						
서로 상 目·4 총 9획	`一 十 オ 木 朾 相 相 相 相`						

路	路						路俠槐卿 : 행길에 고관인 삼공 구경의 마차가 열을 지어 궁전으로 들어가는 모습.
길 로 足·6 총 13획	`丶 口 口 足 足 足 足 趵 趵 趵 路 路 路`						

俠	俠						
낄 협 亻·7 총 9획	`丿 亻 亻 亻 俠 俠 俠 俠 俠`						

槐	槐						
회화나무 괴 木·10 총 14획	`一 十 オ 木 朾 杓 槐 槐 槐 槐 槐 槐 槐`						

卿	卿						
벼슬 경 卩·10 총 12획	`丶 勹 匀 勻 匇 卿 卿 卿 卿 卿 卿`						

戶封八縣 : 한나라가 천하를 통일하고 여덟 고을에 민호를 주어 공신을 봉하였다.

| 戶 | 집 호
戶·0 총4획 | ´ ㄏ 戶 戶 |

| 封 | 봉할 봉
寸·6 총9획 | ー 十 土 㐀 㔾 圭 圭 圭 封 封 |

| 八 | 여덟 팔
八·0 총2획 | ノ 八 |

| 縣 | 고을 현
糸·10 총16획 | 丨 冂 冃 冐 目 且 県 県 県 県 県 県 縣 縣 縣 縣 |

家給千兵 : 공신들에게 일천 군사를 주어 그의 집을 호위시켰다.

| 家 | 집 가
宀·7 총10획 | ` 丶 宀 宀 宁 宁 宇 家 家 家 |

| 給 | 줄 급
糸·6 총12획 | ㄥ 幺 幺 乡 糸 糸 紅 紁 紁 給 給 給 |

| 千 | 일천 천
十·1 총3획 | ノ 二 千 |

| 兵 | 군사 병
八·5 총7획 | ノ ㇇ ㇇ ㇇ 斤 丘 兵 兵 |

高冠陪輦 : 높은 관을 쓰고 연을 탔으니 제후의 예로 대접했다.

高	높을 고 / 高·0 / 총10획
冠	갓 관 / 冖·7 / 총9획
陪	모실 배 / 阝·8 / 총11획
輦	연 련 / 車·8 / 총15획

驅轂振纓 : 수레가 달리는데 갓끈이 떨치니 임금출행에 제후의 위엄이 있다.

驅	몰 구 / 馬·11 / 총21획
轂	바퀴 곡 / 車·10 / 총17획
振	떨칠 진 / 扌·7 / 총10획
纓	갓끈 영 / 糸·17 / 총23획

世	世						世祿侈富 : 대대로 녹이 사치하고 부하니 제후 자손의 세세 관록이 무성하더라.					
인간 세 —·4 총 5 획		一 十 丗 丗 世										
祿	祿											
녹 록 示·8 총 13 획		一 二 亍 千 示 示 示 示 祁 禄 禄 祿 祿										
侈	侈											
사치할 치 亻·6 총 8 획		ノ 亻 亻 伊 伊 侈 侈 侈										
富	富											
부자 부 宀·9 총 12 획		丶 冖 宀 宀 宀 宁 宫 宫 宫 富 富										
車	車						車駕肥輕 : 수레의 말은 살쪘으나 의복은 가볍게 차려져 있다.					
수레 거(차) 車·0 총 7 획		一 亓 亓 亓 百 亘 車										
駕	駕											
멍에 가 馬·5 총 15 획		丁 力 加 加 加 架 架 架 駕 駕 駕 駕 駕										
肥	肥											
살찔 비 肉·4 총 8 획		ノ 刀 月 月 肌 肌 肥 肥										
輕	輕											
가벼울 경 車·7 총 14 획		一 亓 亓 亓 百 亘 車 車 輊 輊 輕 輕 輕 輕										

策功茂實 : 공을 꾀함이 무성하고 충실하더라.

策	꾀 책 竹·6 총 12획	ノ ト ナ ナ ゲ ゲ ゲ ゲ ゲ 竺 笃 第 策
功	공 공 力·3 총 5획	一 丁 工 功 功
茂	성할 무 艹·5 총 9획	丶 十 卝 艹 茊 茊 芧 茂 茂
實	열매 실 宀·11 총 14획	丶 宀 宀 宀 宀 宙 审 宯 實 實 實 實 實 實

勒碑刻銘 : 비석에 이름을 새겨 그 공을 후세에 전하였다.

勒	굴레 륵 力·9 총 11획	一 十 卄 廿 卄 苎 苎 莒 革 靪 勒
碑	비석 비 石·8 총 13획	一 厂 厂 石 石 石 石' 砂 砷 硱 碑 碑
刻	새길 각 刂·6 총 8획	一 亠 亥 亥 亥 亥 刻 刻
銘	새길 명 金·6 총 14획	ノ 人 人 亼 亼 숲 余 金 金 釕 釣 鉐 銘 銘

磻	磻溪伊尹 : 문왕은 반계에서 강태공을 맞고 은왕은 신야에서 이윤을 맞이하였다.
돌 반 石·12 총17획	一ノナ矛石石石石矿矿矿碎碎磁磐磐磐磻

溪	
시내 계 氵·10 총13획	丶冫氵氵氵氵浐浐浐溪溪溪溪

伊	
저 이 亻·4 총6획	ノイイ尹伊伊

尹	
다스릴 윤 尸·1 총4획	フコヨ尹

佐	佐時阿衡 : 위급한 때를 도와 아형이 되었으니 아형은 상나라 재상의 칭호이다.
도울 좌 亻·5 총7획	ノイ仁仕佐佐佐

時	
때 시 日·6 총10획	丨冂日日旷旷旪時時時

阿	
언덕 아 阝·5 총8획	㇀㇆阝阝阿阿阿阿

衡	
저울대 형 行·10 총16획	ノ彳彳彳彳衍衡衡衡衡衡衡衡衡衡

奄	奄					奄宅曲阜 : 주공의 큰 공에 보답코져 노국을 봉한 후 곡부에 저택을 세웠다.							
문득 엄 大·5 총 8획	一 ナ 大 太 存 存 存 奄												
宅	宅												
집 택(댁) 宀·3 총 6획	丶 宀 宀 宀 宅 宅												
曲	曲												
굽을 곡 曰·2 총 6획	丨 口 巾 曲 曲 曲												
阜	阜												
언덕 부 阜·0 총 8획	丶 丿 ㄕ 自 自 阜 阜 阜												
微	微						微旦孰營 : 주공이 아니면 감히 누가 그런 큰 집을 짓게 했으리오.						
작을 미 彳·10 총 13획	丶 彡 彳 彳 彳 彳 彳 彳 微 微 微 微 微												
旦	旦												
아침 단 日·1 총 5획	丨 口 日 日 旦												
孰	孰												
누구 숙 子·8 총 11획	丶 亠 古 亨 亨 享 享 孰 孰												
營	營												
경영 영 火·13 총 17획	丶 丷 火 火 火 炒 炊 炊 燃 燃 營 營 營 營 營												

桓										
굳셀 환 木·6 총 10획	桓公匡合 : 제나라 환공은 많은 제후를 회합시켰으며 맹약을 지키도록 하였다.									
	一 十 才 木 札 朽 柯 柯 桓 桓									

公										
벼슬이름 공 八·2 총 4획	ノ 八 公 公									

匡										
바를 광 匚·4 총 6획	一 二 T F E 匡									

合										
모을 합 口·3 총 6획	ノ 人 스 合 合 合									

濟										
건널 제 氵·14 총 17획	濟弱扶傾 : 약한 나라를 구제하고 기울어지는 제신을 도와서 붙들어 일으켜 주었다.									
	丶 冫 氵 沪 沪 沪 洴 滂 滂 滂 滂 滂 濟 濟 濟									

弱										
약할 약 弓·7 총 10획	ㄱ ㄱ 弓 弓 弓 弜 弜 弱 弱 弱									

扶										
붙들 부 扌·4 총 7획	一 十 扌 扩 扛 抶 扶									

傾										
기울 경 亻·11 총 13획	ノ 亻 亻 仁 仁 佰 傾 傾 傾 傾 傾									

綺	綺						綺回漢惠 : 넷 현인의 한 사람인 기가 한나라 혜제를 회복시켰다.
비단 기 糸·8 총 14획	∠ 幺 幺 乡 糸 糸 糸 糽 紷 綺 綺 綺 綺 綺						

回	回						
돌아올 회 口·3 총 6획	丨 冂 冂 冋 回 回						

漢	漢						
한수 한 氵·11 총 14획	丶 丶 氵 氵 汁 汁 汁 汁 浩 漢 漢 漢 漢 漢						

惠	惠						
은혜 혜 心·8 총 12획	一 厂 百 甫 亩 東 東 東 東 惠 惠 惠						

說	說						說感武丁 : 부열이 들에서 역사함에 무정의 꿈에 나타나 그를 감동시켜 곧 정승으로 삼았느니라.
말씀 설 言·7 총 14획	一 二 三 言 言 言 言 訁 訃 訖 訒 詋 詋 說						

感	感						
느낄 감 心·9 총 13획	丿 厂 厂 厂 后 咸 咸 咸 咸 感 感 感						

武	武						
호반 무 止·4 총 8획	一 二 千 千 千 武 武 武						

丁	丁						
장정 정 一·1 총 2획	一 丁						

俊	俊							俊乂密勿 : 준걸과 재사들이 조정에 많이 모여 빽빽하더라.
준걸 준 亻·7　총 9 획	ノ 亻 仏 仏 伂 俠 俟 俊 俊							
乂	乂							
어질 예 丿·1　총 2 획	ノ 乂							
密	密							
빽빽할 밀 宀·8　총 11 획	丶 丷 宀 宀 少 灾 灾 灾 宻 密 密							
勿	勿							
말 물 勹·2　총 4 획	ノ 勹 勺 勿							
多	多							多士寔寧 : 준걸과 재사가 조정에 많으니 국가가 태평하도다.
많을 다 夕·3　총 6 획	ノ ク 夕 夕 多 多							
士	士							
선비 사 士·0　총 3 획	一 十 士							
寔	寔							
이 식 宀·9　총 12 획	丶 丷 宀 宀 宀 宁 宜 宣 宧 宧 寔 寔							
寧	寧							
편안 녕 宀·11　총 14 획	丶 丷 宀 宀 宀 宀 宯 寍 寍 寍 寧 寧							

晋楚更〰: 진과 초가 다시 으뜸이 되니 진문공과 초장왕이 패왕이 되니라.

晋	晋	一 丅 丆 丌 晋 亜 西 晋 晋 晋
나라 진 日·6 총10획		

楚	楚	一 十 才 木 木 朴 林 林 梺 棥 楚 楚 楚
나라 초 木·9 총13획		

更	更	一 厂 厂 百 百 更 更
다시 갱 日·3 총7획		

霸	霸	一 一 一 一 一 一 一 一 一 一 一 一 霸 霸 霸 霸
으뜸 패 雨·13 총19획		

趙魏困橫 : 조나라와 위나라는 여섯 나라가 연합한 횡에 의해 많은 곤란을 받았다.

趙	趙	一 十 土 キ 丰 丰 走 赴 赴 赴 趙 趙 趙
나라 조 走·7 총14획		

魏	魏	一 二 千 千 禾 禾 禾 委 委 矛 委 秒 魏 魏 魏 魏 魏
나라 위 鬼·8 총18획		

困	困	丨 冂 冂 冃 困 困 困
곤할 곤 口·4 총7획		

橫	橫	一 十 才 木 木 朴 栏 栏 栏 栏 椙 椙 橫 橫 橫 橫
비낄 횡 木·12 총16획		

假	假		假途滅虢 : 우국 길을 빌어 괵국을 멸하니 빌려준 우국도 멸하였다.
	거짓 가 亻·9　총 11획		ノ 亻 亻' 亻' 亻" 作 作' 作" 假 假
途	途		
	길 도 辶·7　총 11획		ノ 人 ㅅ 仐 仐 余 余 ʻ余 凃 途 途
滅	滅		
	멸할 멸 氵·10　총 13획		丶 冫 氵 氵 汀 沪 沪 沥 沥 泥 減 減 滅
虢	虢		
	나라 괵 虎·9　총 15획		ノ 亻 亽 爫 孚 孚 孚ʻ 孚" 孚 虍 虍 虢 虢 虢
踐	踐		踐土會盟 : 진문공이 제후를 천토에 모아 맹세케 하고 '협천자 이령제후' 하니라.
	밟을 천 足·8　총 15획		丶 口 口 甲 甲 卫 卫 趺 践 践 践 践 踐 踐
土	土		
	흙 토 土·0　총 3획		一 十 土
會	會		
	모일 회 日·9　총 13획		ノ 人 ㅅ 仐 仐 合 슴 슴 侖 侖 會 會 會
盟	盟		
	맹세 맹 皿·8　총 13획		ㅣ 冂 日 日 日ʻ 明 明 明 明 明 明 盟 盟

何	何遵約法 : 소하는 한고조와 더불어 약법 삼장을 만들어 준행케 하였다.

어찌 하 　亻·5　총7획
ノ 亻 亻 亻 何 何 何

좇을 준 　辶·12　총16획
丷 䒑 䒑 酋 酋 酋 酋 酋 尊 尊 尊 尊 遵 遵

언약 약 　糸·3　총9획
㇀ 㠯 幺 纟 糸 糸 糽 約 約

법 법 　氵·5　총8획
丶 冫 氵 氵 汁 汁 法 法

韓弊煩刑 : 한비자는 진시황을 설득하여 가혹한 형벌을 펼치고자 했으나 이는 너무 번거롭고 가혹하여 폐해가 큰 것이다.

나라 한 　韋·8　총17획
一 十 十 古 古 古 卓 卓 卓 卓 韩 韩 韩 韓 韓 韓

해질 폐 　廾·12　총15획
丶 丷 丷 亻 亻 币 帀 帀 㡀 㡀 敝 敝 敝 弊 弊

번거로울 번 　火·9　총13획
丶 丷 丷 火 火 灯 灯 烦 煩 煩 煩 煩 煩

형벌 형 　刂·4　총6획
一 二 于 开 开 刑

起翦頗牧 : 백기와 왕전은 진나라 장수요, 염파와 이목은 조나라 장수였다.

起	起											
일어날 기 走·3 총10획	一 十 土 卡 キ 走 走 起 起 起											
翦	翦											
갈길 전 羽·9 총15획	丶 丷 艹 广 疒 竹 前 前 前 前 前 翦 翦 翦 翦											
頗	頗											
자못 파 頁·5 총14획	丿 厂 广 皮 皮 皮 皮 皮 頗 頗 頗 頗 頗 頗											
牧	牧											
칠 목 牛·4 총8획	丿 二 牛 牛 爿 牜 牧 牧											

用軍最精 : 군사 쓰기를 가장 정교히 하였다.

用	用											
쓸 용 用·0 총5획	丿 冂 月 月 用											
軍	軍											
군사 군 車·2 총9획	丶 冖 冖 冖 冃 冒 冒 宣 軍											
最	最											
가장 최 日·8 총12획	丶 冂 冂 日 旦 早 早 早 昌 昌 最 最											
精	精											
자세할 정 米·8 총14획	丶 丷 丷 十 半 半 米 米 米 米 精 精 精 精											

宣	베풀 선	宀·6 총9획	丶丶宀宀宀宜宜宣宣
威	위엄 위	女·6 총9획	丿厂厂厂反反威威威
沙	모래 사	氵·4 총7획	丶丶氵氵氵沙沙
漠	아득할 막	氵·11 총14획	丶丶氵氵汁汁沽沽清清清漠漠
馳	달릴 치	馬·3 총13획	一厂厂斤斤斤馬馬馬馬馬馳馳
譽	기릴 예	言·14 총21획	丶⺊⺊⺊⺊⺊⺊⺊⺊⺊與與與與譽譽譽譽
丹	붉을 단	丶·3 총4획	丿刀刀丹
青	푸를 청	靑·0 총8획	一二丰主青青青青

宣威沙漠 : 장수로서 승전하여 위엄이 멀리 북방의 사막에까지 선양되었다.

馳譽丹靑 : 그 명예는 생전뿐 아니라 사후에도 길이 빛내기 위하여 초상을 기린각에 그렸다.

九	九						九州禹跡：하나라의 개국의 임금 우왕(禹王)이 구주(九州)를 분별하니 기(冀)・연(兗)・청(靑)・서(徐)・형(荊)・옹(雍)・예(豫)・양(揚)・량(梁) 등이				
아홉 구 乙・1　총 2 획		ノ 九									
州	州										
고을 주 巛・3　총 6 획		、 丿 卅 丱 州 州									
禹	禹										
임금 우 内・4　총 9 획		一 ノ 十 甶 甶 禹 禹 禹 禹									
跡	跡										
자취 적 足・6　총 13 획		丶 口 口 マ 足 足 足 趵 趵 跂 跡 跡 跡									
百	百						百郡秦幷 : 진시황이 천하봉군하는 법을 폐하고 백군(百郡)을 두었다.				
일백 백 白・1　총 6 획		一 丆 丅 万 百 百									
郡	郡										
고을 군 阝・7　총 10 획		一 ニ 彐 尹 尹 君 君 君' 郡 郡									
秦	秦										
나라 진 禾・5　총 10 획		一 二 三 キ 夫 表 表 奉 奉 秦									
幷	幷										
아우를 병 干・5　총 8 획		ノ 丷 亠 幵 幵' 幵' 幵 幷									

嶽	嶽宗恒岱 : 오악은 동태산·서화산·남형산·북항산·중숭산이니 항산과 태산이 조종이라.
멧부리 악 山·14 총 17획	⼁ 丷 山 ⼴ 屵 屵 屵 屵 岸 岸 崗 崗 崗 嶽 嶽 嶽 嶽
宗 마루 종 宀·5 총 8획	⼂ ⼂ ⼧ 宀 宁 宇 宗 宗
恒 항상 항 忄·6 총 9획	⼂ ⼂ 忄 忄 忄 恒 恒 恒 恒
岱 산이름 대 山·5 총 8획	ノ イ 亻 代 代 代 岱 岱
禪	禪主云亭 : 운과 정은 천자(天子)를 봉선(封禪)하고 제사지내는 곳이니 운정은 태산에 있다.
터닦을 선 示·12 총 17획	⼀ ⼆ ⺬ ⺬ ⺬ ⺬ ⺬ ⺬ ⺬ 禪 禪 禪 禪 禪 禪 禪
主 임금 주 丶·4 총 5획	⼂ ⼂ ⼗ ⼲ 主
云 이를 운 二·2 총 4획	⼀ ⼆ 云 云
亭 정자 정 亠·7 총 9획	⼂ ⼂ ⼴ ⼴ 古 古 声 亭 亭

鴈			鴈門紫塞 : 안문은 봄기러기가 북으로 가는 고로 안문이고, 붉은 성은 만리장성이다.
기러기 안 鳥·4 총 15획	一 厂 厂 厂 厂 厂 厂 厂 厈 厈 鴈 鴈 鴈 鴈 鴈		
門			
문 문 門·0 총 8획	丨 冂 冂 冂 冃 門 門 門		
紫			
붉을 자 糸·6 총 12획	丨 ト 止 止 此 此 紫 紫 紫 紫 紫 紫		
塞			
변방 새 土·10 총 13획	丶 宀 宀 宀 宀 宀 宰 寒 寒 寒 寒 塞		
鷄			鷄田赤城 : 계전은 옹주에 있는 고을이고 적성은 기주에 있는 고을이다.
닭 계 鳥·10 총 21획	鷄 (획순)		
田			
밭 전 田·0 총 5획	丨 冂 日 田 田		
赤			
붉을 적 赤·0 총 7획	一 十 土 十 亍 赤 赤		
城			
재 성 土·7 총 10획	一 十 土 圫 圻 城 城 城 城		

昆	昆						昆池碣石 : 곤지는 운남 곤명현에 있고 갈석은 부평현에 있다.				
맏 곤 日·4　총8획		丶 口 曰 日 曰 昆 昆 昆									
池	池										
못 지 氵·3　총6획		丶 冫 氵 氵 汕 池									
碣	碣										
돌 갈 石·9　총14획		一 厂 ア 石 石 石 矴 砂 矽 砂 碣 碣 碣									
石	石										
돌 석 石·0　총5획		一 厂 ア 石 石									
鉅	鉅						鉅野洞廷 : 거야는 태산 동편에 있는 광야이고 동정은 호남성에 있는 중국 제일의 호수이다.				
클 거 金·5　총13획		丿 𠂉 𠂉 𠂉 𠂉 𠂉 金 金 金 鈩 鉅 鉅 鉅									
野	野										
들 야 里·4　총11획		丶 口 曰 日 甲 里 野 野 野 野									
洞	洞										
고을 동 氵·6　총9획		丶 冫 氵 氵 汀 泂 洞 洞 洞									
庭	庭										
뜰 정 广·7　총10획		丶 亠 广 广 庐 庄 庭 庭 庭 庭									

曠						曠遠綿邈 : 산과 벌판 그리고 호수 등이 면밀하고 막막하게 널리 이어져 있음을 일컬음이다.											
빌 광 日·15 총 19 획		丨	冂	日	日	日`	旷	旷	旷	旷	旷	暗	暗	曠	曠	曠	曠
遠																	
멀 원 辶·10 총 14 획		一	十	土	吉	吉	吉	声	吉	袁	袁	袁	遠	遠	遠		
綿																	
솜 면 糸·8 총 14 획		𠃋	𠃋	幺	幺	糸	糸	糸	糹	紀	綿	綿	綿	綿	綿		
邈																	
멀 막 辶·14 총 18 획		丿	𠂊	乡	豸	豸	豸	豸	豸	豹	豹	豹	貌	貌	貌	邈	邈
巖						巖岫杳冥 : 큰 바위와 멧부리가 묘연하고 아득함을 말한 것이다.											
바위 암 山·20 총 23 획		丶	丷	山	山	山	山	岩	岸	岸	岸	岸	巖	巖	巖	巖	巖
岫																	
산굴 수 山·5 총 8 획		丨	山	山	山	岫	岫	岫	岫								
杳																	
아득할 묘 木·4 총 8 획		一	十	才	木	木	杳	杳	杳								
冥																	
어두울 명 冖·8 총 10 획		丶	冖	冖	曰	曰	曰	冥	冥	冥	冥						

治	다스릴 치 氵·5 총 8획	丶 冫 氵 氵 沪 沪 治 治 治							

治本於農 : 다스리는 것은 농사를 근본으로 하니, 정치의 대요는 농사가 근본이다.

本	근본 본 木·1 총 5획	一 十 才 木 本

於	늘 어 方·4 총 8획	丶 亠 方 方 方 扩 於 於

農	농사 농 辰·6 총 13획	丶 口 巾 曲 曲 曲 芦 芦 芦 農 農 農

務茲稼穡 : 때를 맞추어 심고 가을에 거두는 데 힘써야 한다.

務	힘쓸 무 力·9 총 11획	𠃍 マ 孓 予 矛 矛 矜 敄 敄 務 務

茲	이 자 玄·5 총 10획	丶 亠 十 玄 玄 玄' 玆 玆 玆 茲

稼	심을 가 禾·10 총 15획	ノ 二 千 千 禾 禾 禾' 秆 秆 秆 秆 稼 稼 稼 稼

穡	거둘 색 禾·13 총 18획	ノ 二 千 千 禾 禾 秆 秆 秆 秆 秝 秝 稼 稼 穡 穡 穡

85

俶						俶載南畝 : 봄이 되면 비로소 남쪽 밭에 나가서 경작을 시작한다.			
비로소 숙 人·8 총 10획	丿 亻 亻 亻 俨 伊 伊 俶 俶 俶								
載									
실을 재 車·6 총 13획	一 十 土 + 丰 吉 吉 青 壹 車 載 載 載								
南									
남녘 남 十·7 총 9획	一 十 + 冇 内 内 肖 南 南								
畝									
이랑 묘 田·5 총 10획	` 亠 广 亩 古 古 亩 亩 畝 畝								
我						我藝黍稷 : 나는 기장과 피를 심는 농사 일에 정성을 다하겠다.			
나 아 戈·3 총 7획	丿 二 千 手 我 我 我								
藝									
재주 예 艹·15 총 19획	` 十 + 艹 艹 艹 艾 艾 茎 莽 蓺 蓺 蓺 蓺 藝 藝								
黍									
기장 서 黍·0 총 12획	一 二 千 禾 禾 禾 禾 黍 黍 黍 黍 黍								
稷									
피 직 禾·10 총 15획	一 二 千 千 禾 禾 利 和 积 积 稭 稷 稷 稷 稷								

稅熟貢新 : 곡식이 익으면 부세하여 국용을 준비하고 종묘에 햇곡식으로 제사를 올린다.

稅	부세 세 / 禾·7 총 12획	一 二 千 千 禾 禾 秆 秆 秆 秆 稅 稅
熟	익을 숙 / 灬·11 총 15획	` 亠 亠 古 亨 亨 享 享 郭 孰 孰 孰 熟 熟
貢	바칠 공 / 貝·3 총 10획	一 丁 工 干 丟 青 肯 肓 貢 貢
新	새 신 / 斤·9 총 13획	` 亠 十 立 立 辛 辛 亲 亲 新 新 新

勸賞黜陟 : 농사를 잘 지은 사람은 상을 주고 게을리 한 사람은 출척했다.

勸	권할 권 / 力·18 총 20획	` 亠 廾 莊 苩 芇 苗 苩 堇 堇 勸 勸
賞	상줄 상 / 貝·8 총 15획	` 丷 丷 兴 兴 尚 尚 常 常 常 賞 賞
黜	내칠 출 / 黑·5 총 17획	` 口 曰 日 甲 甲 里 里 黑 黑 黑 黜 黜 黜 黜
陟	오를 척 / 阝·7 총 10획	` 阝 阝 阝 陟 陟 陟 陟 陟 陟

孟	孟					孟軻敦素 : 맹자는 모친의 교훈으로 자사(子舍)의 문하에서 배워 성품이 두텁고 유순하였다.				
맏 맹 子·5 총8획		丁 了 子 子 孟 孟 孟 孟								
軻	軻									
수레 가 車·5 총12획		一 厂 亓 斤 冇 百 車 車 軒 軒 軻 軻								
敦	敦									
도타울 돈 攵·8 총12획		丶 亠 宁 宁 亨 亨 享 享 孰 敦 敦								
素	素									
흴 소 糸·4 총10획		一 十 ≠ 主 丯 妻 耄 素 素 素								
史	史					史魚秉直 : 사어란 사람은 위나라 대부였으며 그 성품이 매우 강직하였다.				
사기 사 口·2 총5획		丶 口 口 史 史								
魚	魚									
고기 어 魚·0 총11획		丿 ⺈ ⺈ 匃 匃 甶 角 魚 魚 魚 魚								
秉	秉									
잡을 병 禾·3 총8획		一 二 三 彐 事 事 秉								
直	直									
곧을 직 自·3 총8획		一 十 十 冇 靑 肓 直 直								

庶	뭇 서 / 广·8 / 총 11획	丶 一 广 产 庐 庐 庐 庐 庶 庶 庶				庶幾中庸 : 중용의 도는 정직을 근본으로 하고 한쪽으로 기울어짐이 없도록 하여야 한다.
幾	거의 기 / 幺·9 / 총 12획	丶 幺 纟 丝 丝 丝 垈 垈 幾 幾 幾				
中	가운데 중 / ㅣ·3 / 총 4획	丨 口 口 中				
庸	떳떳할 용 / 广·8 / 총 11획	丶 一 广 产 庐 庐 庐 肓 肓 肓 庸				
勞	수고할 로 / 力·10 / 총 12획	丶 丶 少 火 火 炏 炏 炏 炏 焱 勞 勞				努謙謹勅 : 근면하고 겸손하며 삼가하고 신칙하면 중용의 도에 이른다.
謙	겸손 겸 / 言·10 / 총 17획	一 二 三 三 言 言 言 訁 訮 詐 詊 詊 謙 謙 謙				
謹	삼가할 근 / 言·11 / 총 18획	一 二 三 三 言 言 言 訁 詳 詳 詳 詳 謹 謹 謹 謹				
勅	칙서 칙 / 力·7 / 총 9획	一 厂 戸 白 申 東 東 剌 勅				

�живот聆	들을 령 耳·5 총11획	聆音察理 : 그 사람의 목소리를 듣고 거동을 살피니 비록 작은 일이라도 주의하여야 한다. 一 T F F E 耳 耴 耹 耹 聆 聆
音	소리 음 音·0 총9획	一 二 亠 立 产 产 卉 音 音
察	살필 찰 宀·11 총14획	` ' 宀 宀 宀 宀 宀 宀 灾 灾 察 察 察 察
理	다스릴 리 王·7 총11획	一 T F 王 刊 刊 理 理 理 理 理
鑑	거울 감 金·14 총22획	鑑貌辨色 : 모양과 거동으로 그 사람의 심중을 분별할 수 있다. ノ 人 人 ヒ 牛 牟 金 金 金 釒 釒 鈩 鈩 鉐 鉐 鑑 鑑 鑑 鑑
貌	모양 모 豸·7 총14획	ノ 人 ベ デ 另 豸 豸 豸 豸 豸 豸 貌 貌 貌
辨	분별 변 辛·9 총16획	` ' 亠 亠 立 辛 辛 辛 辛 辛 辛 辛 辨 辨 辨 辨
色	빛 색 色·0 총6획	ノ ク タ 名 色 色

貽						貽厥嘉猷 : 사람은 착한 일을 하여 자손에게 좋은 것을 남기어야 한다.				
끼칠 이 貝·5 총 12 획	丨 冂 冃 月 目 目 貝 貯 貽 貽 貽 貽									
厥										
그 궐 厂·10 총 12 획	一 厂 厂 厂 厂 严 严 严 厥 厥 厥 厥									
嘉										
아름다울 가 口·11 총 14 획	一 十 士 吉 吉 吉 吉 壹 壹 嘉 嘉 嘉 嘉									
猷										
꾀 유 犬·9 총 13 획	丶 丷 䒑 酋 酋 酋 酋 酋 酋 猷 猷 猷									
勉						勉其祗植 : 그 착한 것을 자손이 공경할 수 있도록 심어주는 데에 힘써야 할 것이다.				
힘쓸 면 力·7 총 9 획	丿 夂 夕 刍 各 免 免 勉 勉									
其										
그 기 八·6 총 8 획	一 十 廾 甘 甘 其 其 其									
祗										
공경할 지 示·5 총 10 획	一 二 亍 亍 示 示 祇 祇 祗 祗									
植										
심을 식 木·8 총 12 획	一 十 十 木 木 朽 柠 桔 柿 植 植 植									

省躬譏誡 : 기롱이나 경계함이 있는가 염려하며 몸을 살펴라.

| 省 | 살필 성 | 目·4 | 총 9 획 |

| 躬 | 몸 궁 | 身·3 | 총 10 획 |

| 譏 | 나무랄 기 | 言·12 | 총 19 획 |

| 誡 | 경계 계 | 言·7 | 총 14 획 |

寵增抗極 : 총애가 더할수록 교만하지 말고 더욱 조심하여야 한다.

| 寵 | 사랑할 총 | 宀·16 | 총 19 획 |

| 增 | 더할 증 | 土·12 | 총 15 획 |

| 抗 | 겨룰 항 | 扌·4 | 총 7 획 |

| 極 | 극진할 극 | 木·9 | 총 13 획 |

殆辱近恥 : 총애를 받는다고 욕된 일을 하면 멀지 않아 위태함과 치욕이 오니 겸손해야 한다.

| 殆 | 위태할 태 歹·5 총 9 획 | 一 フ ラ ダ 夕 歹 歼 殆 殆 |

| 辱 | 욕할 욕 辰·3 총 10 획 | 一 厂 厂 匚 厃 辰 辰 辱 辱 |

| 近 | 가까울 근 辶·4 총 8 획 | ノ ㄏ ㄏ 斤 沂 沂 沂 近 |

| 恥 | 부끄러울 치 心·6 총 10 획 | 一 丁 F F E 耳 耳 耻 耻 恥 |

林皐幸卽 : 부귀할지라도 겸퇴하여 산간 수풀에서 편히 지내는 것도 다행한 일이니라.

| 林 | 수풀 림 木·4 총 8 획 | 一 十 十 木 木 朴 材 林 |

| 皐 | 언덕 고 白·6 총 11 획 | ノ ⺊ ハ ㅎ 白 白 白 臯 皇 皐 皐 |

| 幸 | 다행 행 干·5 총 8 획 | 一 十 土 去 去 查 查 幸 |

| 卽 | 곧 즉 卩·7 총 9 획 | ノ ㇈ 白 白 白 皀 皀 卽 卽 |

兩疏見機 : 한나라의 소광과 소수는 때를 보아 상소하고 낙향했다.

兩	두 량 入·6 / 총 8 획	一 厂 厂 币 币 兩 兩 兩
疏	뚫릴 소 疋·7 / 총 12 획	ㄱ 了 子 子 卫 正 正` 产 疏 疏 疏 疏
見	볼 견 見·0 / 총 7 획	丨 冂 冂 冃 目 見 見
機	틀 기 木·12 / 총 16 획	一 十 才 木 杉 杉 杉 杉` 栈 栈 榯 榯 機 機 機

解組誰逼 : 관의 끈을 풀고 사직하고 돌아가니 누가 핍박하리오.

解	풀 해 角·6 / 총 13 획	⺍ ⺈ 广 角 角 角 角 角" 鲜 鮮 解 解 解
組	짤 조 糸·5 / 총 11 획	⺉ 幺 幺 乡 糸 糸 糽 組 組 組 組
誰	누구 수 言·8 / 총 15 획	一 二 三 三 言 言 言 訁 訁 訐 訐 訃 誰 誰 誰
逼	핍박할 핍 辶·9 / 총 13 획	一 丆 百 百 戸 咼 畐 畐 畐 逼 逼 逼 逼

索居閑處 : 퇴직하여 한가한 곳을 찾아 살면서 세상을 보낸다.

| 索 | 찾을 색 | 糸·4 | 총 10획 | 一 十 十 冇 冇 岙 岙 索 索 索 |

| 居 | 살 거 | 尸·5 | 총 8획 | ᄀ ᄀ 尸 尸 尸 居 居 居 |

| 閑 | 한가 한 | 門·4 | 총 12획 | ㅣ ㄱ ㅏ ㅏ ㅏ 門 門 門 門 閑 閑 閑 |

| 處 | 곳 처 | 虍·5 | 총 11획 | ノ ト ト 广 卢 虎 虎 虎 處 處 處 |

沈默寂寥 : 세상의 번뇌를 피하여 은거하니 아무일도 없고 조용하기만 하구나.

| 沈 | 잠길 침 | 氵·4 | 총 7획 | 丶 冫 氵 氵 沪 汒 沈 |

| 默 | 잠잠할 묵 | 黑·4 | 총 16획 | 丶 ㄇ ㄇ ㅁ 日 甲 甲 里 里 黒 黒 黒 黙 默 默 |

| 寂 | 고요할 적 | 宀·8 | 총 11획 | 丶 丶 宀 宀 宀 宀 宁 宋 宋 宋 寂 |

| 寥 | 고요할 료 | 宀·11 | 총 14획 | 丶 丶 宀 宀 宋 宋 宋 宋 寥 寥 寥 寥 寥 |

求							求古尋論 : 예를 찾아 의논하고 고인을 찾아 토론한다.
구할 구 水·2 총7획	一 十 寸 寸 求 求 求						
古							
옛 고 口·2 총5획	一 十 十 古 古						
尋							
찾을 심 寸·9 총12획	ㄱ ㅋ ㅋ ㅋ ㅋ ㅋ 彐 彐 尋 尋 尋 尋						
論							
의논 론 言·8 총15획	一 二 ニ 三 言 言 言 訁 訡 訡 論 論 論 論 論						
散							散慮逍遙 : 세상일 생각지 않고 자연 속에서 한가히 즐긴다.
흩을 산 攵·8 총12획	一 十 廾 廾 芇 芇 芇 背 背 散 散						
慮							
생각 려 心·11 총15획	丶 ト 广 庐 庐 虍 虍 虐 虜 盧 盧 慮 慮 慮						
逍							
노닐 소 辶·7 총11획	丨 丷 丷 丷 肖 肖 肖 消 消 消 逍						
遙							
멀 요 辶·10 총14획	丿 ク タ 夕 夕 夗 乴 乴 乴 乴 乴 遙 遙 遙						

欣							欣奏累遣 : 기쁨은 아뢰고 더러움은 흘려 보내니.						
기쁠 흔 欠·4 총 8 획	´ 厂 斤 斤 斤 斤 欣 欣												
奏													
아뢸 주 大·6 총 9 획	一 二 三 㐄 夫 奏 奏 奏 奏												
累													
여러 루 糸·5 총 11 획	ㄟ 口 四 田 田 甲 甲 里 累 累 累												
遣													
보낼 견 辶·10 총 14 획	ㄟ 口 口 中 虫 串 串 串 𦘒 𦘒 𦘒 遣 遣 遣												
感							感謝歡招 : 심중의 슬픈 것은 없어지고 즐거움만 부른 듯이 오게 된다.						
슬플 척 心·11 총 15 획	ㄱ 厂 厂 厂 厂 厂 斤 斤 斤 咸 咸 咸 感 感 感												
謝													
사례 사 言·10 총 17 획	ㄧ 二 三 三 言 言 言 訁 訂 訃 訃 詢 謝 謝 謝 謝 謝												
歡													
기쁠 환 欠·18 총 22 획	ㄧ ㄧ ㅗ ㅛ ㅛ 芒 芒 芯 莑 莑 莑 莑 藿 藿 藿 歡 歡 歡												
招													
부를 초 扌·5 총 8 획	一 十 扌 扌 扣 招 招												

97

渠	渠						渠荷的歷 : 개천의 연꽃도 아름다우니 향기 또한 잡아 볼만하다.				
개천 거 氵·9 총 12 획		丶 冫 氵 沪 沪 沪 洭 渠 渠 渠 渠									
荷	荷										
연꽃 하 ++·7 총 11 획		丶 十 廾 廾 芢 芢 荷 荷 荷									
的	的										
맞힐 적 白·3 총 8 획		丿 亻 亻 白 白 的 的									
歷	歷										
지낼 력 止·12 총 16 획		一 厂 厂 厂 厂 厂 厂 厂 厂 厤 厤 厤 歷 歷 歷									
園	園						園莽抽條 : 동산의 풀은 땅 속의 양분으로 가지가 뻗고 크게 자란다.				
동산 원 口·10 총 13 획		丨 冂 冂 門 門 門 周 周 周 園 園 園 園									
莽	莽										
풀 망 ++·6 총 10 획		丶 十 廾 廾 芒 芢 莽 莽 莽									
抽	抽										
뺴낼 추 扌·5 총 8 획		一 十 扌 扌 扣 抽 抽 抽									
條	條										
조목 조 木·7 총 11 획		丿 亻 亻 亻 伒 伙 攸 攸 條 條 條									

枇						枇杷晚翠 : 비파나무의 잎사귀는 겨울날의 눈과 서리에도 마냥 그 빛이 푸르다.					
나무 비 木·4 총 8 획	一 十 才 木 朼 朼 枇 枇										
杷											
나무 파 木·4 총 8 획	一 十 才 木 朾 朳 杷 杷										
晚											
늦을 만 日·7 총 11 획	丨 冂 月 日 日' 日'' 旷 晚 晚 晚 晚										
翠											
푸를 취 羽·8 총 14 획	ㄱ ㄱ ㄱ 彐 羽 羽 羽 翠 翠 翠 翠 翠 翠 翠										
梧						梧桐早凋 : 오동잎은 가을이면 다른 나뭇잎보다 먼저 마른다.					
오동 오 木·7 총 11 획	一 十 才 木 朼 朾 栢 栢 梧 梧 梧										
桐											
오동 동 木·6 총 10 획	一 十 才 木 朹 桐 桐 桐 桐 桐										
早											
이를 조 日·2 총 6 획	丨 冂 日 日 旦 早										
凋											
마를 조 冫·8 총 10 획	丶 冫 刀 刃 刀 凋 凋 凋 凋 凋										

陳							陳根委翳 : 가을이 오면 오동뿐 아니라 고목의 뿌리도 시들고 마른다.		
베풀 진 ⻖·8 총 11획	' ⻖ ⻖ 阝 阝⊢ 阝F 阝F 阝F 陣 陳 陳								
根									
뿌리 근 木·6 총 10획	一 十 才 木 木' 木⊢ 木F 杞 根 根								
委									
버릴 위 女·5 총 8획	一 二 千 千 禾 禾 委 委								
翳									
가릴 예 羽·11 총 17획	一 ⻅ F E 医 医 医 医' 医⎣ 医殳 医殳 医殳 医殳 翳 翳 翳								
落							落葉飄颻 : 가을이 오면 낙엽이 바람에 나부끼며 떨어진다.		
떨어질 락 ⾋·9 총 13획	' ⼗ ⼧ 艹 艹 艹 艹 艹 莎 茨 茨 落 落								
葉									
잎사귀 엽 ⾋·9 총 13획	' ⼗ ⼧ 艹 艹 艹 艹 艹 苹 莖 莖 葉 葉								
飄									
나부낄 표 風·11 총 20획	一 ⼅ ⻄ ⻄ ⻄ 票 票 票 票 飘 飘 飘 飘 飘 飘 飄 飄								
颻									
나부낄 요 風·10 총 19획	' ⼃ ⼓ ⼓ ⼓ ⺈ 夅 夅 夅 夅 颻 颻 颻 颻 颻 颻 颻								

遊	遊						遊鯤獨運 : 곤어는 북해에서 서식하는 큰 물고기이며 홀로 헤엄쳐 노닌다.						
놀 유 辶·9 총13획		﹑	﹑	亠	方	方	扩	抁	斿	㳺	游	游	遊
鯤	鯤												
곤이 곤 魚·8 총19획		﹐	⺈	⺈	夕	刍	刍	刍	魚	魚	魚	鮁	鯤
獨	獨												
홀로 독 犭·13 총16획		﹐	犭	犭	犭	犭	犳	犳	犳	猁	猸	獨	獨
運	運						淩摩絳霄 : 곤어가 변한 붕새는 저녁의 붉은 놀이 낀 하늘을 거침없이 날아다닌다.						
옮길 운 辶·9 총13획		﹐	冖	宀	冃	軍	軍	軍	軍	軍	渾	渾	運
淩	淩												
업신여길 릉 氵·8 총10획		﹑	﹑	氵	氵	淩	淩	淩	淩	淩			
摩	摩												
만질 마 手·11 총15획		﹑	亠	广	广	庁	庄	庄	庄	麻	麻	麽	摩
絳	絳												
붉을 강 糸·6 총12획		乙	幺	幺	糸	糸	糸	糽	紋	絡	絳	絳	
霄	霄												
하늘 소 雨·7 총15획		﹑	亠	广	雨	雨	雨	雨	雪	雪	雪	霄	霄

耽讀翫市 : 후한의 왕충은 독서를 즐겨 낙양의 저자에까지 가서 탐독하였다.

耽	즐길 탐	耳·4	총 10획	一 丆 丆 丆 F E 耳 耳 耴 耽 耽
讀	읽을 독	言·15	총 22획	一 二 三 言 言 言 訁 訃 詩 詰 讀 讀 讀 讀 讀 讀 讀 讀 讀 讀 讀
翫	구경 완	羽·9	총 15획	丿 刁 ヲ 邘 羽 羽 羿 翌 翌 翌 翌 翌 翌 翫 翫
市	저자 시	巾·2	총 5획	丶 亠 亣 市 市

寓目囊箱 : 왕충은 글을 한 번 읽으면 잊지 않아 주머니나 상자에 넣어둔 듯 하였다.

寓	붙일 우	宀·9	총 12획	丶 冖 宀 宀 宀 宀 宀 宁 宫 寓 寓 寓
目	눈 목	目·0	총 5획	丨 冂 冂 月 目
囊	주머니 낭	口·19	총 22획	一 亠 亠 宀 宀 宀 宁 宙 宙 宙 宙 宙 宙 宙 囊 囊 囊 囊 囊
箱	상자 상	竹·9	총 15획	丿 亠 ㇁ 竹 竹 竹 筣 筣 筣 箱 箱 箱 箱

易輶攸畏 : 군자는 가볍게 움직이고 쉽게 말하는 것을 두려워한다.

| 易 | 쉬울 이 | 日·4 | 총 8획 |

丨 冂 冃 日 月 易 易 易

| 輶 | 가벼울 유 | 車·9 | 총 16획 |

一 ㄈ 冂 百 亘 車 車 軯 軯 軯 輶 輶 輶 輶 輶

| 攸 | 바 유 | 攵·3 | 총 7획 |

丿 亻 イ 亻 攸 攸 攸

| 畏 | 두려울 외 | 田·4 | 총 9획 |

丨 冂 皿 田 甼 畀 畏 畏

屬耳垣墻 : 벽에도 귀가 있다는 말과 같이 경솔하게 말하는 것을 조심하여라.

| 屬 | 붙일 속 | 尸·18 | 총 21획 |

一 ㄱ 尸 尸 尸 尸 尸 屍 屠 屠 屡 屡 屬 屬 屬 屬 屬 屬 屬

| 耳 | 귀 이 | 耳·0 | 총 6획 |

一 丆 下 F 王 耳

| 垣 | 담 원 | 土·6 | 총 9획 |

一 十 土 圠 圢 垣 垣 垣 垣

| 墻 | 담 장 | 土·13 | 총 16획 |

一 十 土 圡 圢 圫 圵 圸 塀 塀 塀 墻 墻 墻 墻 墻

具								具膳飱飯 : 반찬을 갖추고 밥을 먹으니,						
갖출 구 八·6 총 8획	ㅣ 冂 冃 冐 目 且 具 具													
膳														
반찬 선 肉·12 총 16획	ㅣ 刀 刀 月 月` 月´ 月¨ 月¨ 月¨ 朕 朕 膳 膳 膳 膳 膳													
飱														
밥 손 食·4 총 13획	ㅡ ㄱ ㄅ ㄅ ㄹ 飱 飱 飱 飱 飱 飱 飱 飱													
飯														
밥 반 食·4 총 13획	ノ 人 人 今 今 今 今 食 食 食 食 飯 飯													
適								適口充腸 : 좋은 음식이 아니라도 입에 맞으면 배를 채울 수 있다.						
마침 적 辶·11 총 15획	ㅡ 十 亠 市 冋 冋 冋 冏 商 商 商 滴 滴 適 適													
口														
입 구 口·0 총 3획	ㅣ 冂 口													
充														
채울 충 儿·4 총 6획	丶 亠 云 去 声 充													
腸														
창자 장 肉·9 총 13획	ㅣ 刀 刀 月 月` 月" 月" 朋 朋 腸 腸 腸 腸													

飽	飽						飽飫烹宰 : 배가 부른 뒤에는 아무리 좋은 음식이라도 더 먹을 수 없다.						
배부를 포 食·5　총 14 획		ノ ㅅ ㅅ 厶 今 今 숟 숟 숟 숟 釣 飣 飣 飽											
飫	飫												
배부를 어 食·4　총 13 획		ノ ㅅ ㅅ 厶 今 今 숟 숟 숟 숟 숟 飫 飫											
烹	烹												
삶을 팽 灬·7　총 11 획		丶 亠 亠 古 古 亨 亨 亨 亨 烹 烹											
宰	宰												
재상 재 宀·7　총 10 획		丶 丷 宀 宀 宀 宀 宰 宰 宰 宰											
飢	飢						飢厭糟糠 : 반대로 주렸을 때에는 겨와 재강도 맛있게 되는 것이다.						
주릴 기 食·2　총 11 획		ノ ㅅ ㅅ 厶 今 今 숟 숟 숟 飣 飢											
厭	厭												
싫을 염 厂·12　총 14 획		一 厂 厂 厂 戸 戸 戸 厍 厭 厭 厭 厭 厭 厭											
糟	糟												
재강 조 米·11　총 17 획		丶 丷 丷 半 半 米 米 米 粐 糟 糟 糟 糟 糟 糟											
糠	糠												
겨 강 米·11　총 17 획		丶 丷 丷 半 半 米 米 粐 粐 粐 粐 糠 糠 糠 糠											

親	親						親戚故舊 : 친은 동성지친이고 척은 이성지친이며 고구는 오랜 친구를 말한다.							
친할 친 見·9 총16획		丶 亠 䒑 立 辛 辛 亲 亲 亲 新 新 新 新 親 親												
戚	戚													
겨레 척 戈·7 총11획		丿 厂 厂 厂 厃 厃 戚 戚 戚 戚 戚												
故	故													
연고 고 攵·5 총9획		一 十 十 古 古 古 古 故 故												
舊	舊													
옛 구 臼·12 총18획		丶 亠 艹 艹 艹 艹 萑 萑 萑 萑 舊 舊 舊 舊 舊 舊												
老	老						老少異糧 : 늙은이와 젊은이의 식사가 다르다.							
늙을 로 耂·2 총6획		一 十 土 耂 耂 老												
少	少													
젊을 소 小·1 총4획		丨 小 小 少												
異	異													
다를 이 田·6 총11획		丶 口 田 田 田 田 田 畢 畢 異 異												
糧	糧													
양식 량 米·12 총18획		丶 丷 ⺍ 半 米 米 米 粁 粁 粁 粁 糧 糧 糧 糧 糧 糧												

妾御績紡 : 남자는 밖에서 일하고 여자는 안에서 길쌈을 짜느니라.

| 妾 | 첩 첩 女·5 총 8획 | ` ヽ 亠 ㇇ 立 立 产 妾 妾 ` |

| 御 | 모실 어 彳·8 총 11획 | ` ノ ハ 彳 彳 彳 ㇒ 徉 徉 徍 御 御 ` |

| 績 | 길쌈 적 糸·11 총 17획 | ` ㄥ 幺 幺 糸 糸 糸 糸⁺ 糸㇇ 絟 綪 綪 綪 綪 綪 績 績 ` |

| 紡 | 길쌈 방 糸·4 총 10획 | ` ㄥ 幺 幺 糸 糸 糸 糸' 糸⁻ 紡 紡 ` |

侍巾帷房 : 유방에서 모시고 수건을 받드니 처첩의 하는 일이다.

| 侍 | 모실 시 彳·6 총 8획 | ` ノ イ 亻 ㇒ 仕 侍 侍 侍 ` |

| 巾 | 수건 건 巾·0 총 3획 | ` ㇐ 冂 巾 ` |

| 帷 | 장막 유 巾·8 총 11획 | ` ㇐ 冂 巾 帅 㠯 㠯 㠯 帏 帷 帷 帷 ` |

| 房 | 방 방 戶·4 총 8획 | ` ㇐ 厂 户 戶 戶 戶 房 房 ` |

107

紈				紈扇圓潔 : 깁부채는 둥글고 깨끗하다.
흰깁 환 糸·3 총 9획		ノ 幺 幺 乡 糸 糸 紀 紈 紈		
扇				
부채 선 戶·6 총 10획		一 丆 彐 戶 戶 戶 扂 扂 扇 扇		
圓				
둥글 원 口·10 총 13획		丨 冂 冂 円 冃 門 同 同 圁 圓 圓 圓 圓		
潔				
맑을 결 氵·12 총 15획		丶 氵 氵 氵 氵 浐 泸 洯 渼 潔 潔 潔 潔 潔		
銀				銀燭煒煌 : 은촛대의 촛불은 빛나서 그 불꽃이 휘황찬란하다.
은 은 金·6 총 14획		ノ 人 人 亼 全 全 全 金 鈩 鈩 鈩 鉬 鉬 銀		
燭				
촛불 촉 火·13 총 17획		丶 丷 丷 火 火 灯 灯 灯 灯 炓 炘 煔 燭 燭 燭		
煒				
빛날 위 火·9 총 13획		丶 丷 丷 火 火 灯 炉 炉 煒 煒 煒 煒		
煌				
빛날 황 火·9 총 13획		丶 丷 丷 火 火 炷 炉 炉 炉 焊 焊 煌		

晝	낮 주 日·7 총 11획		晝眠夕寐 : 낮에 낮잠 자고 밤에 일찍 자니 한가한 사람의 일이다. フ ヨ ヨ ヨ 尹 聿 書 書 書 書 晝
眠	졸 면 目·5 총 10획		ｌ Π Ｈ 月 目 目' 目' 肝 眠 眠
夕	저녁 석 夕·0 총 3획		ノ ク 夕
寐	잘 매 宀·9 총 12획		丶 丶 宀 宀 宀 宀 宀 宷 寐 寐 寐
藍	쪽 람 艹·14 총 18획		藍筍象床 : 푸른 대순과 코끼리 상아이니 한가한 사람의 침상을 일컬음이다. 丶 丶 卄 艹 艹 艹 萨 萨 萨 萨 蓝 蓝 蓝 蓝 藍
筍	대순 순 竹·6 총 12획		ノ 丶 ⺊ 竹 竹 竹 竹 笁 筍 筍 筍 筍
象	코끼리 상 豕·5 총 12획		ノ 丶 ⺈ 乛 凸 凸 免 兔 象 象 象 象
床	평상 상 广·4 총 7획		丶 亠 广 广 庄 床 床

109

絃歌酒讌 : 거문고를 타며 술과 노래로 잔치하니,

| 絃 | 줄 현 | 糸·5 | 총 11 획 |

丿 𠃋 𠃊 幺 乡 糸 糸 糸' 紀 紀 絃 絃

| 歌 | 노래 가 | 欠·10 | 총 14 획 |

一 厂 ㅠ ㅠ ㅠ 可 可 哥 哥 哥 歌 歌 歌

| 酒 | 술 주 | 酉·3 | 총 10 획 |

丶 丶 氵 汀 汀 沔 洒 洒 酒 酒

| 讌 | 잔치 연 | 言·16 | 총 23 획 |

丶 二 三 言 言 言 言 訁 訁 訁 訁 訁 訁 訁 訁 訁 讌 讌 讌 讌 讌 讌

接杯舉觴 : 크고 작은 술잔을 서로 주고 받으며 즐기는 모습이다.

| 接 | 접할 접 | 扌·8 | 총 11 획 |

一 十 扌 扌 扩 扩 护 护 按 接 接

| 杯 | 잔 배 | 木·4 | 총 8 획 |

一 十 才 木 木 杯 杯 杯

| 舉 | 들 거 | 手·14 | 총 18 획 |

丶 丨 丨 丨 E E 臼 臼 臼 臼 臼 與 與 與 與 舉 舉

| 觴 | 잔 상 | 角·11 | 총 18 획 |

丿 ク 勹 角 角 角 角' 觓 觓 觓 觓 觴 觴 觴 觴 觴

矯						矯手頓足 : 손을 들고 발을 올렸다, 내렸다 하며 덩실 덩실 춤을 춘다.	
들 교 矢·12 총 17획	丿 亠 二 午 矢 矢 矢 矢 矫 矫 矫 矫 矯 矯 矯 矯 矯						
手							
손 수 手·0 총 4획	一 二 三 手						
頓							
꾸벅거릴 돈 頁·4 총 13획	一 匚 屯 屯 屯 屯 頓 頓 頓 頓 頓 頓						
足							
발 족 足·0 총 7획	丨 口 口 甲 甲 足 足						
悅						悅豫且康 : 이상과 같이 마음이 기쁘고 평안하며 흐뭇하다.	
기쁠 열 忄·7 총 10획	丶 丶 忄 忄 忄 忄 悅 悅 悅 悅						
豫							
미리 예 豕·9 총 16획	一 ㄱ 亇 予 予 予 予 豫 豫 豫 豫 豫 豫 豫 豫 豫						
且							
또 차 一·4 총 5획	丨 冂 日 且 且						
康							
편안 강 广·8 총 11획	丶 亠 广 广 庐 庐 庚 庚 康 康 康						

嫡	嫡	嫡後嗣續 : 적실이 낳은 자식, 즉 장남이 계속하여 대를 잇는다.
맏 적 女·11 총 14획	く 女 女 女 女 妒 妒 娇 娇 嫡 嫡 嫡 嫡	
後	後	
뒤 후 彳·6 총 9획	ノ ク 彳 彳 彳 彳 彳 後 後	
嗣	嗣	
이을 사 口·10 총 13획	丶 口 口 口 믜 冎 冎 刪 嗣 嗣 嗣 嗣 嗣	
續	續	
이을 속 糸·15 총 21획	乙 幺 幺 幺 糸 糸 糽 紣 紼 繞 績 績 續 續 續 續 續 續	
祭	祭	祭祀蒸嘗 : 제사 지내되 겨울 제사는 증이라 하고 가을 제사는 상이라 한다.
제사 제 示·6 총 11획	ノ ク タ 夕 夕 奴 奴 奴 祭 祭 祭	
祀	祀	
제사 사 示·3 총 8획	一 二 亍 亍 示 礻 祀 祀	
蒸	蒸	
찔 증 艹·10 총 14획	丶 十 艹 艹 芊 芓 芓 茏 茏 茏 蒸 蒸 蒸	
嘗	嘗	
맛볼 상 口·11 총 14획	丶 ⺌ ⺌ ⺌ 告 告 告 告 嘗 嘗 嘗 嘗 嘗	

稽	稽額再拜 : 이마를 조아려 선조에게 두 번 절하는 예를 갖춤이라.														
머리숙일 계 禾·10 총 15 획	一 二 千 千 禾 禾 秒 秒 秒 秒 稻 稻 稽 稽 稽														
顙															
이마 상 頁·10 총 19 획	顙 자획														
再															
두번 재 冂·4 총 6 획	一 厂 冂 币 再 再														
拜															
절 배 手·5 총 9 획	一 二 三 手 手 手 手 拜 拜														
悚	悚懼恐惶 : 송구스러워 하고 공황해 하니 엄숙하고 공경함이 지극하구나.														
두려울 송 忄·7 총 10 획	´ ` 忄 忄 忄 忄 忄 悚 悚 悚														
懼															
두려울 구 忄·18 총 21 획	懼 자획														
恐															
두려울 공 心·6 총 10 획	一 丁 工 卫 巩 巩 巩 恐 恐 恐														
惶															
두려울 황 忄·9 총 12 획	´ ` 忄 忄 忄 忄 忄 忄 忄 惶 惶 惶														

牋牒簡要 : 글과 편지는 간략하게 써야 한다.

牋	편지 전 / 片·8 / 총 12획	丿 丿 丬 丬 片 片 片 牋 牋 牋 牋 牋
牒	편지 첩 / 片·9 / 총 13획	丿 丿 丬 丬 片 片 片 片 牒 牒 牒 牒 牒
簡	간략할 간 / 竹·12 / 총 18획	丿 ㅑ ㅑ 竹 竹 竹 笋 笋 笋 筲 笚 笚 筲 簡 簡 簡 簡
要	중요 요 / 襾·3 / 총 9획	一 冂 冂 両 襾 襾 要 要 要

顧答審詳 : 편지의 답신도 겸손한 태도로 잘 살펴서 간결하고 상세히 써야 한다.

顧	돌아볼 고 / 頁·12 / 총 21획	` 丆 丆 戶 戶 戶 戶 启 雇 雇 雇 雇 顧 顧 顧 顧 顧 顧
答	대답 답 / 竹·6 / 총 12획	丿 ㅑ ㅑ 竹 竹 竹 笒 笒 签 答 答 答
審	살필 심 / 宀·12 / 총 15획	` 冖 宀 宀 宀 宀 宇 宷 宷 宷 寀 審 審 審 審
詳	자세할 상 / 言·6 / 총 13획	一 二 亠 言 言 言 言 訁 訁 詳 詳 詳 詳

骸						骸垢想浴 : 몸에 때가 있으면 목욕할 것을 생각하고,								
뼈 해 骨·6 총 16획	丶 冂 冃 冎 咼 冎 骨 骨 骨 骨 骨 骸 骸 骸 骸													

垢														
때 구 土·6 총 9획	一 十 土 圢 圢 圢 圻 垢 垢													

想														
생각할 상 心·9 총 13획	一 十 才 木 机 机 相 相 相 相 想 想 想													

浴														
목욕할 욕 氵·7 총 10획	丶 丶 氵 氵 浐 浐 浐 浴 浴 浴													

執						執熱願凉 : 뜨거운 것을 잡으면 본능적으로 서늘한 것을 찾게 된다.								
잡을 집 土·8 총 11획	一 十 土 キ 去 去 幸 幸 幸 執 執													

熱														
뜨거울 열 灬·11 총 15획	一 十 土 キ 去 去 去 幸 幸 刼 執 執 執 熱 熱													

願														
원할 원 頁·10 총 19획	一 厂 厂 厂 厈 厈 厡 原 原 原 原 原 願 願 願 願 願													

凉														
서늘할 량 冫·8 총 10획	丶 冫 冫 冫 广 广 冸 冸 凉 凉 凉													

驢	驢								驢騾犢特 : 나귀와 노새와 송아지, 소 등의 가축은,									
나귀 려 馬·16 총 26 획		⼀ 厂 Π FF F 馬 馬 馬 馬 馬 馬 馬ˊ 馿 馿 馿 馿 馿 驢 驢 驢 驢 驢 驢 驢 驢																

騾	騾
노새 라 馬·11 총 21 획	⼀ 厂 Π FF F 馬 馬 馬 馬 馬 馬ˊ 馿ˊ 騾 騾 騾 騾 騾 騾

犢	犢
송아지 독 牛·15 총 19 획	ノ ⺁ 牛 牛 牛ˊ 牛ˊ 牛ˊ 犢 犢 犢 犢 犢 犢 犢 犢 犢 犢 犢

特	特
특별 특 牛·6 총 10 획	ノ ⺁ 牛 牛 牛ˊ 牛ˊ 牜ˊ 牜ˊ 特 特

駭	駭								駭躍超驤 : 놀라 뛰기도 하고 달리며 노닌다.							
놀랄 해 馬·6 총 16 획		⼀ 厂 Π FF F 馬 馬 馬 馬 馬 馬ˊ 馿 駭 駭 駭 駭														

躍	躍
뛸 약 足·14 총 21 획	丶 口 口 口 口 足 足 足 足ˊ 趵 跃 跃 跎 踒 踤 踰 躍 躍 躍 躍

超	超
뛰어넘을 초 走·5 총 12 획	⼀ 十 土 耂 耂 走 走 起 起 起 超 超

驤	驤
달릴 양 馬·17 총 27 획	⼀ 厂 Π FF F 馬 馬 馬 馬 馬ˊ 馿 馿ˊ 馿ˊ 馿ˊ 騳 驤 驤 驤 驤 驤 驤 驤

誅斬賊盜 : 역적과 도적은 죽이고 베어 처벌한다.

| 誅 | 벨 주 言·6 총13획 | 一 二 宇 亖 言 言 言 訁 訂 訐 誅 誅 |

| 斬 | 벨 참 斤·7 총11획 | 一 〒 百 亘 車 斬 斬 斬 斬 |

| 賊 | 도둑 적 貝·6 총13획 | 丨 冂 冂 月 目 貝 貝 貶 財 賊 賊 賊 |

| 盜 | 도둑 도 皿·7 총12획 | 丶 冫 氵 汀 次 次 佟 咎 盜 盜 |

捕獲叛亡 : 배반하고 도망치는 자를 잡아 엄벌로 다스린다.

| 捕 | 잡을 포 扌·7 총10획 | 一 十 扌 扩 打 折 捅 捐 捕 捕 |

| 獲 | 얻을 획 犭·14 총17획 | 丿 犭 犭 犭 犭 犳 犳 犳 犳 犳 犳 獲 獲 獲 獲 獲 |

| 叛 | 배반할 반 又·7 총9획 | 丿 丷 业 半 半 羊 叛 叛 |

| 亡 | 도망 망 亠·1 총3획 | 丶 亠 亡 |

117

布	布						布射遼丸 : 한나라 여포는 활을 잘 쏘았고 의료는 탄자를 잘 던졌다.							
배 포 巾·2 총5획	ノ ナ 才 右 布													
射	射													
쏠 사 寸·7 총10획	` ſ 斤 自 自 身 身 身 射 射													
遼	遼													
멀 료 辶·12 총16획	一 ナ 大 大 大 太 存 存 卒 夆 尞 尞 潦 潦 遼													
丸	丸													
총알 환 丶·2 총3획	ノ 九 丸													
嵇	嵇						嵇琴阮嘯 : 위나라 혜강은 거문고를 잘 타고 완적은 휘파람을 잘 불었다.								
메 혜 山·9 총12획	一 二 千 千 禾 禾 秆 秕 秕 秕 嵇 嵇													
琴	琴													
거문고 금 王·8 총12획	一 T F 王 王 玨 玨 珡 珡 珡 琴													
阮	阮													
성 완 阝·4 총7획	` 3 阝 阝 阝 阮 阮													
嘯	嘯													
휘파람 소 口·13 총16획	ヽ 口 口 口 口肀 口肀 口肀 口肅 口肅 口肅 口肅 口肅 嘯 嘯													

恬						恬筆倫紙 : 진나라 몽념은 토끼털로 처음 붓을 만들었고 후한의 채륜은 처음 종이를 만들었다.		
편안 녑 忄·6 총 9 획	丶 丶 忄 忄 忄 忄 怗 怗 恬							
筆								
붓 필 竹·6 총 12 획	丿 丿 ㇒ ⺮ ⺮ ⺮ 竺 笁 竺 笃 笙 筆							
倫								
인륜 륜 亻·8 총 10 획	丿 亻 亻 亼 仒 伶 伶 伶 倫 倫							
紙								
종이 지 糸·4 총 10 획	乚 乡 纟 纟 糸 糸 糹 紅 紙 紙							
鈞						鈞巧任釣 : 위나라 마균은 지남거를 만들었고 전국시대 임공자는 낚시를 만들었다.		
서른근 균 金·4 총 12 획	丿 𠂉 𠂉 𠂉 牟 年 金 金 鈅 鈞 鈞 鈞							
巧								
공교로울 교 工·2 총 5 획	一 丁 工 丁 巧							
任								
맡길 임 亻·4 총 6 획	丿 亻 亻 仁 任 任							
釣								
낚시 조 金·3 총 11 획	丿 𠂉 𠂉 𠂉 牟 年 金 金 鈅 釣 釣							

釋紛利俗 : 이상 팔인의 재주를 다하여 어지러움을 풀어 풍속에 이롭게 하였다.

釋	놓을 석	采·13	총 20획	ノ ㄨ ㄨ ㄈ 平 乑 釆 釈 釈 釋 釋 釋 釋 釋 釋 釋 釋 釋 釋 釋
紛	어지러울 분	糸·4	총 10획	ㄥ ㄠ ㄠ 幺 糸 糸 糺 紛 紛 紛
利	이할 리	刂·5	총 7획	ノ 二 千 千 禾 利 利
俗	풍속 속	亻·7	총 9획	ノ 亻 亻 亻 伀 伀 俗 俗 俗

竝皆佳妙 : 이러한 것은 모두가 아름다우며 묘한 재주였다.

竝	아우를 병	立·5	총 10획	、 亠 亠 立 立 立 竝 竝 竝 竝
皆	다 개	白·4	총 9획	一 匕 比 比 比 毕 毕 皆 皆
佳	아름다울 가	亻·6	총 8획	ノ 亻 亻 亻 住 佳 佳 佳
妙	묘할 묘	女·4	총 7획	ㄑ 夕 女 女 妙 妙 妙

毛施淑姿 : 모는 오나라의 모장이라는 여인이고 시는 월나라의 서시라는 여인인데 모두 절세미인이었다.

毛	털 모	毛·0	총 4 획

丿 二 三 毛

| 施 | 베풀 시 | 方·5 | 총 9 획 |

丶 亠 方 方 方 方 方 施 施

| 淑 | 맑을 숙 | 氵·8 | 총 11 획 |

丶 冫 氵 汁 汁 汁 汁 汁 沐 淑 淑

| 姿 | 모양 자 | 女·6 | 총 9 획 |

一 ニ 丿 次 次 次 姿 姿 姿

工嚬姸笑 : 이 두 미인의 웃는 모습은 매우 곱고 아름다웠으며, 찡그린 모습도 형용할 수가 없을 정도였다.

| 工 | 장인 공 | 工·0 | 총 3 획 |

一 丁 工

| 嚬 | 찡그릴 빈 | 口·16 | 총 19 획 |

丨 口 口 미 마 吖 吠 吠 吠 吠 吠 嚬 嚬 嚬 嚬 嚬 嚬

| 姸 | 고울 연 | 女·6 | 총 9 획 |

乚 夕 女 女 女 妍 妍 姸 姸

| 笑 | 웃음 소 | 竹·4 | 총 10 획 |

丿 一 ケ 시 竹 竹 竹 竺 笶 笑

年							年矢每催 : 세월이 화살같이 빠르게 지나가는 것을 말함.		
해 년 干·3　총 6 획	ノ ー ニ 도 노 年								
矢									
살 시 矢·0　총 5 획	ノ ー ニ 矢 矢								
每									
매양 매 毋·3　총 7 획	ノ ー ベ 仁 与 每 每								
催									
재촉 최 亻·11　총 13 획	ノ 亻 亻 亻 伫 俨 俨 俨 俨 催 催 催								
羲							羲暉朗曜 : 태양빛과 달빛은 온 세상을 비추어 만물에 혜택을 주고 있다.		
복희 희 羊·10　총 16 획	丶 丷 丷 艹 羊 羊 羊 羊 羊 羲 羲 羲 羲 羲								
暉									
빛날 휘 日·9　총 13 획	丨 冂 冃 日 日' 日冖 日冖 晖 晖 暉 暉 暉								
朗									
밝을 랑 月·7　총 11 획	丶 丶 ㇈ ㇈ 㠯 良 良 郞 朗 朗 朗								
曜									
빛날 요 日·14　총 18 획	丨 冂 冃 日 日' 日' 日' 日ヨ 日ヨ 日ヨ 日翟 日翟 日翟 日翟 曜 曜								

璇																璇璣懸斡 : 선기는 천기를 보는 기구이고 그 기구가 공중에 매달려 도는 것을 말함.
구슬 선 王·11 총 15획	一 丁 ㄐ 王 王 玙 玙 玗 玜 玹 玹 玹 璇 璇 璇

璣		
구슬 기 王·12 총 16획	一 丁 ㄐ 王 王 玙 玙 玗 玜 珋 琰 璞 璣 璣 璣

懸		
매달 현 心·16 총 20획	丨 刀 月 目 且 県 県 県 県 県 県 県 県 県 県 懸 懸 懸

斡		
돌 알 斗·10 총 14획	一 十 古 古 古 直 卓 卓 卓 卓 斡 斡 斡

晦																晦魄環照 : 달은 그믐이 되면 빛이 없어졌다가 보름이 되면 다시 달무리를 만들며 밝게 빛난다.
그믐 회 日·7 총 11획	丨 冂 日 日 旷 旷 昕 晦 晦 晦 晦

魄		
넋 백 鬼·5 총 15획	ノ 亻 宀 白 白 白 的 的 的 的 的 魄 魄 魄

環		
고리 환 王·13 총 17획	一 丁 ㄐ 王 王 玙 玙 玗 琩 琩 環 環 環 環 環 環

照		
비칠 조 灬·9 총 13획	丨 冂 日 日 旷 旷 昭 昭 昭 昭 照 照

指薪修祐 : 불타는 나무와 같은 정열로 도리를 닦으면 복을 얻는다.

| 指 | 손가락 지 | 扌·6 | 총 9획 | 一 十 扌 扩 扩 拧 指 指 指 |

| 薪 | 섶나무 신 | 艹·13 | 총 17획 | 一 十 艹 艹 艹 芦 芦 芦 苎 荸 菥 菥 薪 薪 薪 薪 |

| 修 | 닦을 수 | 亻·8 | 총 10획 | 丿 亻 亻 亻 攸 攸 攸 修 修 修 |

| 祐 | 도울 우 | 示·5 | 총 10획 | 一 二 亍 示 示 礻 礻 祏 祐 祐 |

永綏吉邵 : 그리고 영구히 편안하고 길함이 높으리라.

| 永 | 길 영 | 水·1 | 총 5획 | 丶 丁 于 永 永 |

| 綏 | 편안 수 | 糸·7 | 총 13획 | 乙 乡 幺 牟 糸 糸 紅 紗 紡 紋 綏 綏 綏 |

| 吉 | 길할 길 | 口·3 | 총 6획 | 一 十 士 吉 吉 吉 |

| 邵 | 높을 소 | 阝·5 | 총 7획 | 刀 刀 刀 召 召 邵 邵 |

矩						矩步引領 : 걸음을 바로 걷고 행실도 바르니 위의가 당당하다.			
법 구 矢·5 총 10획	ノ 一 仁 仁 矢 知 知 矩 矩 矩								
步									
걸음 보 止·3 총 7획	丨 卜 止 止 止 步 步								
引									
이끌 인 弓·1 총 4획	一 弓 弓 引								
領									
거느릴 령 頁·5 총 14획	ノ 人 人 今 今 令 令 令 領 領 領 領 領 領								
俯						俯仰廊廟 : 항상 낭묘에 있는 것으로 생각하고 머리를 숙여 그 예를 다하라.			
구부릴 부 亻·8 총 10획	ノ 亻 亻 亻 俨 俨 俯 俯 俯 俯								
仰									
우러를 앙 亻·4 총 6획	ノ 亻 亻 亻 仰 仰								
廊									
행랑 랑 广·10 총 13획	丶 一 广 广 广 序 序 序 廊 廊 廊 廊 廊								
廟									
사당 묘 广·12 총 15획	丶 一 广 广 广 广 庐 庐 庐 庐 庿 庿 廟 廟 廟								

束帶矜莊 : 의관을 단정케 하여 위의를 갖추고 그 긍지를 가져 예에 맞게 행동한다.

| 束 | 묶을 속 木·3 총 7획 | 一 ㄧ ㄇ 百 百 申 束 束 |

| 帶 | 띠 대 巾·8 총 11획 | 一 十 卅 卅 卅 卅 卅 带 带 带 带 |

| 矜 | 자랑 긍 矛·4 총 9획 | 一 マ ヌ 予 矛 矛 矜 矜 矜 |

| 莊 | 장중할 장 艹·7 총 11획 | 丶 十 十 卅 ガ ガ ガ 莊 莊 莊 莊 |

徘徊瞻眺 : 이리저리 거닐며 두루 살피는 광경이다.

| 徘 | 배회 배 彳·8 총 11획 | ノ ノ 彳 彳 彳 彳 彳 徘 徘 徘 徘 |

| 徊 | 배회 회 彳·6 총 9획 | ノ ノ 彳 彳 彳 彳 徊 徊 徊 |

| 瞻 | 볼 첨 目·13 총 18획 | 丨 冂 冃 月 目 目 目 睁 睁 睁 瞻 瞻 瞻 瞻 瞻 瞻 |

| 眺 | 볼 조 目·6 총 11획 | 丨 冂 冃 月 目 目 目 目 眺 眺 眺 |

孤	孤						孤陋寡聞 : 배운 것이 고루하고 들은 것이 적다. (천자문 저자 자신을 낮추어 겸손하게 말한 것이다)
외로울 고 子·5 총 8획	丁 了 子 孑 孒 孤 孤 孤						
陋	陋						
더러울 루 阝·6 총 9획	丁 孑 阝 阝 阝 阿 阿 阿 陋 陋						
寡	寡						
적을 과 宀·11 총 14획	丶 宀 宀 宀 宀 宀 宀 宀 宣 宣 寡 寡 寡 寡						
聞	聞						
들을 문 耳·8 총 14획	丨 冂 冂 冂 冂 門 門 門 門 門 門 門 聞 聞						
愚	愚						愚蒙等誚 : 견문과 학식이 적고 모자라면 몽매한 자들과 같아서 남의 책망을 듣는다.
어리석을 우 心·9 총 13획	丶 口 曰 日 曰 昌 禺 禺 禺 禺 愚 愚 愚						
蒙	蒙						
어릴 몽 艹·10 총 14획	丶 艹 艹 艹 艹 艹 芦 荗 夢 夢 芽 蒙 蒙						
等	等						
무리 등 竹·6 총 12획	丿 亻 𠂉 𥫗 𥫗 𥫗 𥫗 𥫗 笁 笁 等 等						
誚	誚						
꾸짖을 초 言·7 총 14획	一 二 三 言 言 言 言 訁 訁 訁 訁 誚 誚 誚						

謂語助者 : 어조라 함은 한문의 조사, 즉 실질적인 뜻은 없고 보조로만 쓰이는 아래와 같은 글자이다.

| 謂 | 이를 위 | 言·9 | 총 16획 |

一 二 三 亖 言 言 言 訂 訶 謂 謂 謂 謂 謂

| 語 | 말씀 어 | 言·7 | 총 14획 |

一 二 三 亖 言 言 言 訂 訢 語 語 語 語

| 助 | 도울 조 | 力·5 | 총 7획 |

丨 冂 日 目 且 助 助

| 者 | 놈 자 | 耂·5 | 총 9획 |

一 + 土 耂 耂 者 者 者 者

焉哉乎也 : 언·재·호·야 이 네 글자는 어조사이다.

| 焉 | 어찌 언 | 灬·7 | 총 11획 |

一 丅 下 正 正 正 焉 焉 焉 焉 焉

| 哉 | 잇기 재 | 口·6 | 총 9획 |

一 + 土 士 吉 吉 哉 哉 哉

| 乎 | 온 호 | 丿·4 | 총 5획 |

丿 一 ⺍ 乊 乎

| 也 | 잇기 야 | 乙·2 | 총 3획 |

⺄ 也 也

略字·俗字 쓰기

價·価	假·仮	擧·挙	輕·軽	鷄·雞	高·高
값 가	거짓 가	들 거	가벼울 경	닭 계	높을 고
價 価	假 仮	擧 挙	輕 軽	鷄 雞	高 高

穀·穀	觀·観	關·関	廣·広	敎·教	舊·旧
곡식 곡	볼 관	빗장 관	넓을 광	가르칠 교	예(옛) 구
穀 穀	觀 観	關 関	廣 広	敎 教	舊 旧

國·国	權·权	勸·勧	歸·帰	氣·気	旣·既
나라 국	권세 권	권할 권	돌아올 귀	기운 기	이미 기
國 国	權 权	勸 勧	歸 帰	氣 気	旣 既

內·内	單·単	斷·断	當·当	對·対	德·徳
안 내	홑 단	끊을 단	마땅할 당	대할 대	큰 덕
內 内	單 単	斷 断	當 当	對 対	德 徳

圖・図	讀・読	獨・独	樂・楽	亂・乱	來・来
그림 도	읽을 독	홀로 독	즐길 락	어지러울 란	올 래
圖 図	讀 読	獨 独	樂 楽	亂 乱	來 来

兩・両	歷・歴	練・練	禮・礼	勞・労	綠・緑
두 량	지낼 력	익힐 련	예도 례	수고로울 로	푸를 록
兩 両	歷 歴	練 練	禮 礼	勞 労	綠 緑

萬・万	滿・満	賣・売	麥・麦	墨・墨	半・半
일만 만	찰 만	팔 매	보리 맥	먹 묵	반 반
萬 万	滿 満	賣 売	麥 麦	墨 墨	半 半

發・発	拜・拝	變・変	佛・仏	寶・宝	冰・氷
필 발	절 배	변할 변	부처 불	보배 보	얼음 빙
發 発	拜 拝	變 変	佛 仏	寶 宝	冰 氷

絲・糸	辭・辞	産・産	聲・声	續・続	收・収
실 사	말씀 사	낳을 산	소리 성	이을 속	거둘 수
絲 糸	辭 辞	産 産	聲 声	續 続	收 収

壯・壮	數・数	輸・輸	乘・乗	實・実	兒・児
씩씩할 장	셀 수	보낼 수	탈 승	열매 실	아이 아
壯 壮	數 数	輸 輸	乘 乗	實 実	兒 児

惡・悪	巖・岩	藥・薬	讓・譲	嚴・厳	餘・余
악할 악	바위 암	약 약	사양할 양	엄할 엄	남을 여
惡 悪	巖 岩	藥 薬	讓 譲	嚴 厳	餘 余

與・与	從・従	榮・栄	藝・芸	豫・予	溫・温
줄 여	좇을 종	영화 영	재주 예	미리 예	따뜻할 온
與 与	從 従	榮 栄	藝 芸	豫 予	溫 温

圓・円	爲・為	陰・陰	應・応	醫・医	貳・弐
둥글 원	할 위	그늘 음	응할 응	의원 의	두 이
圓円	爲為	陰陰	應応	醫医	貳弐

壹・壱	姊・姉	將・将	爭・争	戰・戦	錢・銭
하나 일	누이 자	장수 장	다툴 쟁	싸움 전	돈 전
壹壱	姊姉	將将	爭争	戰戦	錢銭

傳・伝	靜・静	淨・浄	濟・済	條・条	晝・昼
전할 전	고요할 정	깨끗할 정	건널 제	가지 조	낮 주
傳伝	靜静	淨浄	濟済	條条	晝昼

卽・即	證・証	眞・真	盡・尽	贊・賛	參・参
곧 즉	증거 증	참 진	다할 진	도울 찬	참여할 참
卽即	證証	眞真	盡尽	贊賛	參参

增・増	處・処	淺・浅	鐵・鉄	體・体	蟲・虫
더할 증	곳 처	얕을 천	쇠 철	몸 체	벌레 충

總・総	齒・歯	擇・択	豐・豊	學・学	鄕・郷
거느릴 총	이 치	가릴 택	풍성할 풍	배울 학	고을 향

虛・虚	驗・験	賢・賢	螢・蛍	號・号	華・華
빌 허	시험할 험	어질 현	반딧불 형	부르짖을 호	빛날 화

歡・歓	黃・黄	回・囘	會・会	效・効	黑・黒
기뻐할 환	누를 황	돌아올 회	모을 회	본받을 효	검을 흑

1. 漢字의 六書

1) **象形(상형)** : 사물의 형체를 본떠서 만든 글자.

　　예) 日(☉)·월(☽)·木(木)·山(⛰)·川(𝍫)·女(女)

2) **指事(지사)** : 점과 선을 이용하여 만든 부호와 같은 글자.

　　예) 上(⸚)·下(⸛)·本(本)·中(中)·末(末)·天(天)

3) **會意(회의)** : 이미 만들어진 두 글자 (상형·지사)의 뜻을 합하여 한 글자의 뜻을 나타내는 글자.

　　예) 信(亻 + 言)·位(亻 + 立)·男(田 + 力)

　　　　明(日 + 月)·東(木 + 日)·林(木 + 木)

4) **形聲(형성)** : 이미 만들어진 글자를 합하여 만들며, 뜻을 나타내는 자와 음을 나타내는 자를 합하여 만든 글자.

　　예) 淸(氵(水) → 뜻 + 靑 → 음)·霜(雨 → 뜻 + 相 → 음)·村(木 → 뜻 + 寸 → 음)

5) **轉注(전주)** : 어떤 글자가 가지고 있는 뜻이 변하여 새로운 의미를 나타낸 글자.

　　예) 樂 : 본디 상형문자로서 악기의 의미로 쓰여 '풍류(풍류 악)'를 뜻하였으나 나중에 음악을 들으면 누구나 즐겁게 된다하여 '즐겁다(락)'는 뜻으로 변화 하였는데, 또 즐거운 것은 더욱 좋아하게 된다는 데서 '좋아하다(요)'로도 변하였다.

　　예) 道 : 처음에는 사람이 다니는 '길(길 도)'을 뜻하였으나 나중에 '도리(도리 도)'의 뜻으로도 쓰이게 되었다.

6) **假借(가차)** : 음이나 뜻을 차용하여 전혀 다른 뜻으로 사용하는 글자로, 본래의 뜻과는 상관없이 쓰이는데, 주로 외국 지명이나 인명의 경우에 많이 쓰인다(음만 빌어서 쓰는 경우).

　　예) 亞細亞(아세아) → Asia : 亞(버금 아) + 細(가늘 세) + 亞(버금 아)인데, 그 뜻과는 상관없이 음만 차용하여 썼다.

　　예) 印度(인도) → India : 印(도장 인) + 度(법도 도)인데, 그 뜻과는 상관없이 음만 차용하여 썼다.

2. 漢字의 音과 訓

1) 音(음) : 한자가 중국에서 전해올 때의 한자 본래의 발음.

　　예 運動(운동) · 社會(사회) · 大學(대학)

2) 訓(훈) : 한자에 우리말의 뜻을 붙여 읽는 것.

　　예 大 대(큰) · 學 학(배울) · 動 동(움직일)

3. 漢字의 筆順

1) 위에서 아래로 쓰는 경우 : 위에 있는 획(점과 선)이나 부분부터 쓰기 시작하여 아랫부분으로 써내려 간다.

　　예 三(一 二 三) · 言(丶 亠 二 三 言) · 工(一 丅 工)

2) 왼쪽에서 오른쪽으로 쓰는 경우 : 왼쪽에 있는 획(점과 선)이나 부분부터 쓰기 시작하여 오른쪽으로 써내려 간다.

　　예 川(丿 刂 川) · 側(亻 伯 俱 側) · 外(丿 ク 夕 外)

3) 가로획을 먼저 쓰는 경우 : 가로획과 세로획이 서로 겹칠 때는 가로획을 먼저 쓴다.

　　① 가로획 → 세로획의 순서

　　　예 十(一 十) · 土(一 十 土) · 支(一 十 乡 支)

　　② 가로획 → 세로획 → 세로획의 순서

　　　예 共(一 卄 丗 共) · 算(𥫗 竹 筲 箵)

　　③ 가로획 → 가로획 → 세로획의 순서

　　　예 用(刀 月 月 用) · 耕(三 丰 耒 耒 耕)

　　주의 세로획이 가로획을 꿰뚫지 않는 再 · 角 등은 위와 다르다.

4) 세로획을 먼저 쓰는 경우 : 가로획과 세로획이 서로 겹칠 때, 다음의 경우에는 세로획을 먼저 쓴다.

① '田'을 쓸 때 → 田 (冂 冂 用 田)

주의 里 · 軍 · 電 등은 위와 다르다.

② '田'과 비슷한 경우

由(冂 由 由 由) · 角(夕 角 角 角) · 再(丆 冂 再 再) · 曲(冂 曲 曲 曲)

③ '王'을 쓸 때

王(一 丅 干 王) · 生(丿 丄 牛 生) · 集(亻 什 隹 集) · 馬(丨 厂 丌 馬 馬)

5) **가운데를 먼저 쓰는 경우** : 좌우 획이 서로 맞설 때는 한가운데 획을 먼저 쓴다.

예 小(亅 小 小) · 水(亅 扌 水) · 業(´´ ´´´ 业 業) · 樂(白 維 樂 樂)

주의 火 · 間 · 辯 등은 위와 다르다.

6) **둘레를 먼저 쓰는 경우** : 둘러싼 모양의 글자는 바깥쪽을 먼저 쓴다.

예 同(冂 冂 同) · 內(丨 冂 内 內) · 風(丿 几 凨 風) · 國(冂 叵 國 國)

7) **꿰뚫는 세로획을 쓰는 경우** : 위에서 아래로, 왼쪽에서 오른쪽으로 글자의 전체를 꿰뚫는 획은 나중에 쓴다.

예 中(丨 口 中) · 女(乀 女 女)

8) **오른쪽 위의 점을 쓰는 경우** : 오른쪽 위의 점은 나중에 쓴다.

예 成(丿 厂 厈 成) · 犬(一 ナ 大 犬) · 咸(丿 厂 戶 咸)

9) **받침이나 아래를 둘러 에우는 획을 쓰는 경우** : 받침이나 아래를 둘러에우는 획은 나중에 쓴다.

① '近'을 쓸 때 (나중에 쓰는 경우)

예 近(´ 厂 斤 沂 近) · 建(一 ⺻ ⺻ ⺻ 津 建)

② '起'를 쓸 때 (먼저 쓰는 경우)

예 起(一 十 土 ⺻ 走 起) · 題(日 早 是 題)

4. 字典의 利用과 方法

1) 漢字의 部首

字典에서 한자의 음과 뜻을 찾을 때는 먼저 한자의 부수를 알아야 한다. 그리고 그 부수가 한자의 어느 부분에 위치하고 있는가에 따라 다음과 같은 이름이 붙는다.

- 변 (邊)　　　　　한자의 왼쪽에 붙은 부수
　　　　　　　　　亻(人) : 사람 인 변　예) 位·仕·休 등의 '亻'

- 방 (傍)　　　　　한자의 오른쪽에 붙는 부수
　　　　　　　　　阝(邑) : 우부방　예) 部·郡·都 등의 '阝'

- 머리(冠)　　　　한자의 위쪽에 붙은 부수
　　　　　　　　　宀 : 갓머리　예) 守·安·宅 등의 '宀'

- 발(脚)　　　　　한자의 아래쪽에 붙는 부수
　　　　　　　　　皿 : 그릇 명 받침　예) 孟·盛·盡 등의 '皿'

- 받침(走)　　　　한자의 왼쪽에서 밑으로 놓이는 부수
　　　　　　　　　辶(辵) : 책받침　예) 道·運·通 등의 '辶'

- 엄호(垂)　　　　한자의 위에서 왼쪽으로 걸쳐서 놓이는 부수
　　　　　　　　　广 : 엄호 안　예) 康·度·庭 등의 '广'

- 몸(에운담)　　　한자의 바깥 둘레를 에워싼 부수
　　　　　　　　　囗 : 에운 담　예) 國·園·圓 등의 '囗'
　　　　　　　　　門 : 문 문　예) 問·間·閑 등의 '門'

- 제부수(독립형)　부수 전체가 하나의 글자를 이루는 경우
　　　　　　　　　예) 山·木·金 등

2) 漢字의 劃數

　찾고자 하는 한자가 어느 부수에 해당하는지를 알고 난 뒤에는 해당 부수의 획(점과 선)을 세어 보고 몇 획인가를 확인한 후 그 부수에 해당되는 자전(옥편)의 페이지를 펼쳐 놓고 그 부수 외의 나머지 획수를 세어 찾는 한자의 음으로 찾는다. 그리고 한자의 전체 획수를 세어 찾는 방법과 그 획수에서 찾는 방법도 있다는 걸 밝혀 둔다.

教育部選定 1800 教育用 漢字

ㄱ

〔가〕	加 더할가	架 가설할가	可 옳을가	歌 노래가	假 거짓가	暇 겨를가	家 집가	價 값가	佳 아름다울가	街 거리가	〔각〕	各 각각각	閣 누각각	却 물리칠각
脚 다리각	角 뿔각	覺 깨달을각	刻 새길각	〔간〕	干 방패간	奸 간음할간	肝 간인간	刊 책펴낼간	幹 줄기간	間 사이간	簡 간략할간	諫 간할간	看 볼간	姦 간사할간
懇 정성간	〔갈〕	渴 목마를갈	竭 다할갈	〔감〕	甘 달감	感 느낄감	減 덜감	敢 구태여감	監 감독할감	鑑 살필감	〔갑〕	甲 갑옷갑	〔강〕	江 물강
剛 굳셀강	綱 벼리강	鋼 강철강	康 편안할강	強 강할강	講 강론할강	降 내릴강	〔개〕	介 낄개	皆 모두개	蓋 덮을개	慨 분할개	改 고칠개	概 대개개	個 낱개
開 열개	〔객〕	客 손객	〔갱〕	更 다시갱	〔거〕	車 수레거	巨 클거	拒 막을거	距 떨어질거	居 살거	去 갈거	據 의지할거	擧 들거	〔건〕
建 세울건	健 굳셀건	乾 하늘건	件 사건건	〔걸〕	傑 호걸걸	乞 빌걸	儉 검소할검	劍 칼검	檢 검사할검	〔게〕	憩 쉴게	潔 맑을결	結 맺을결	激 격동할격
擊 칠격	〔견〕	見 볼견	絹 비단견	犬 개견	肩 어깨견	堅 굳을견	遣 보낼견	決 결단할결	缺 이지러질결	訣 이별할결	潔 맑을결	結 맺을결	〔격〕	格 법식격
兼 겸할겸	謙 겸손할겸	〔경〕	庚 천간경	硬 굳을경	京 서울경	景 빛경	卿 벼슬경	徑 지름길경	輕 가벼울경	經 경서경	竟 마침내경	境 지경경	鏡 거울경	競 다툴경	敬 공경할경
警 경계할경	驚 놀랄경	頃 때경	傾 기울경	慶 경사경	耕 밭갈경	啓 열계	階 섬돌계	計 셀계	〔고〕	古 옛고	姑 시어미고	枯 마를고	故 연고고	苦 괴로울고	告 고할고
癸 천간계	溪 시내계	鷄 닭계	桂 계수나무계	界 지경계	〔계〕	戒 경계할계	械 기계계	季 사철계	系 맬계	係 맺을계	繼 이을계	契 계약할계
高 높을고	稿 볏짚고	考 상고할고	固 굳을고	孤 외로울고	鼓 북고	顧 돌아볼고	庫 곳집고	雇 더부살이고	〔곡〕	曲 굽을곡	谷 골곡	哭 울곡	穀 곡식곡	〔곤〕
困 곤할곤	坤 땅곤	〔골〕	骨 뼈골	〔공〕	工 장인공	功 공공	攻 칠공	共 함께공	供 이바지할공	恭 공손할공	空 빌공	公 공변될공	貢 바칠공	恐 두려울공
孔 구멍공	〔과〕	過 지날과	果 과실과	課 구실과	科 과정과	誇 자랑할과	瓜 외과	寡 적을과	戈 창과	〔곽〕	郭 성곽곽	〔관〕	官 벼슬관	管 주관할관
貫 꿸관	慣 익숙할관	寬 너그러울관	冠 갓관	觀 볼관	關 관계할관	〔광〕	廣 넓을광	鑛 쇳덩이광	光 빛광	卦 걸괘	〔괴〕	愧 부끄러울괴	塊 흙덩이괴
壞 무너뜨릴괴	怪 괴이할괴	〔교〕	交 사귈교	郊 들교	較 비교할교	校 학교교	橋 다리교	矯 바로잡을교	敎 가르칠교	巧 공교로울교	〔구〕	口 입구	構 집세울구	句 글구구(귀)
狗 개구	苟 구차할구	拘 잡을구	區 구역구	驅 몰구	鷗 갈매기구	懼 두려울구	具 갖출구	俱 함께구	久 오랠구	九 아홉구	究 궁구할구	求 구할구	救 구원할구	球 구슬구
丘 언덕구	舊 옛구	龜 거북구(귀)	〔국〕	局 판국	菊 국화국	國 나라국	〔군〕	軍 군사군	君 임금군	群 무리군	郡 고을군	〔굴〕	屈 굽을굴	〔궁〕
弓 활궁	窮 궁할궁	宮 궁궐궁	〔권〕	權 권세권	勸 권할권	卷 책권권	券 문서권	拳 주먹권	〔궐〕	厥 그궐	〔귀〕	貴 귀할귀	歸 돌아올귀	鬼 귀신귀
〔규〕	閨 계집규	規 법규	叫 부르짖을규	〔균〕	菌 버섯균	均 고를균	〔극〕	克 이길극	劇 연극극	極 지극할극	〔근〕	斤 근근	近 가까울근	根 뿌리근

僅 겨우근	勤 부지런할근	謹 삼갈근	[금]	金 쇠금(김)	錦 비단금	今 이제금	琴 거문고금	禁 금할금	禽 날짐승금	[급]	及 미칠급	級 등급급	急 급할급	給 줄급
[긍]	肯 즐길긍	[기]	己 몸기	紀 벼리기	記 기록할기	起 일어날기	忌 꺼릴기	技 재주기	棄 버릴기	奇 기이할기	寄 붙을기	騎 말탈기	其 그기	基 터기
欺 속일기	期 기약할기	旗 기기	祈 빌기	幾 몇기	氣 기운기	飢 주릴기	饑 경기기	機 기틀기	企 바랄기	豈 어찌기	旣 이미기	器 그릇기	[긴]	緊 요긴할긴
[길]	吉 길할길													

ㄴ

[나]	那 어찌나	[낙]	諾 허락낙	[난]	暖 따뜻할난	難 어려울난	[남]	男 사내남	南 남녘남	[납]	納 들일납	[낭]	娘 각시낭	[내]
乃 이에내	內 안내	奈 어찌내(나)	耐 견딜내	[녀]	女 계집녀	[년]	年 해년	[념]	念 생각념	[녕]	寧 편안할녕	[노]	奴 종노	努 힘쓸노
怒 성낼노	[농]	農 농사농	濃 걸찍할농	[뇌]	惱 번뇌할뇌	腦 머릿골뇌	[능]	能 능할능	[니]	泥 진흙니	尼 여승니			

ㄷ

[다]	茶 차다(차)	多 많을다	[단]	旦 아침단	但 다만단	單 홑단	壇 단단	檀 박달나무단	丹 붉을단	端 끝단	團 둥글단	段 조각단	短 짧을단	斷 끊을단
[달]	達 통달할달	[담]	淡 묽을담	談 말씀담	潭 못담	擔 질담	[답]	答 대답할답	畓 논답	踏 밟을답	[당]	唐 당나라당	糖 엿당	堂 집당
黨 무리당	當 마땅당	[대]	大 큰대	代 대신할대	貸 빌릴대	臺 대대	對 대할대	帶 띠대	隊 떼대	待 기다릴대	[덕]	德 큰덕	[도]	刀 칼도
到 이를도	倒 넘어질도	陶 질그릇도	途 길도	都 도읍도	道 길도	導 이끌도	桃 복숭아도	挑 돋울도	逃 달아날도	跳 뛸도	稻 벼도	度 법도(탁)	徒 무리도	渡 건널도
島 섬도	盜 도둑도	圖 그림도	[독]	讀 읽을독	毒 독할독	督 감독할독	獨 홀로독	篤 두터울독	[돈]	敦 두터울돈	豚 돼지돈	[돌]	突 부딪칠돌	[동]
同 한가지동	洞 고을동	桐 오동나무동	銅 구리동	冬 겨울동	童 아이동	東 동녘동	凍 얼동	動 움직일동	[두]	杜 막을두	豆 콩두	頭 머리두	斗 말두	[둔]
鈍 무딜둔	[득]	得 얻을득	[등]	登 오를등	燈 등잔등	等 무리등								

ㄹ

[라]	羅 그물라	[락]	洛 낙수락	落 떨어질락	樂 즐길락(악)	[란]	卵 알란	亂 어지러울란	爛 빛날란	欄 난간란	蘭 난초란	[람]	覽 두루볼람	藍 쪽람
濫 넘칠람	[랑]	浪 물결랑	郎 사내랑	朗 밝을랑	廊 결채랑	[래]	來 올래	[랭]	冷 찰랭	[략]	掠 노략질할략	略 간략할략	[량]	良 어질량
梁 들보량	兩 둘량	凉 서늘할량	諒 믿을량	量 헤아릴량	糧 양식량	[려]	麗 고울려	勵 힘쓸려	慮 생각려	旅 나그네려	[력]	歷 지낼력	曆 책력력	力 힘력
[련]	練 익힐련	鍊 단련할련	聯 연합할련	連 이을련	戀 사모할련	蓮 연꽃련	憐 불쌍할련	[렬]	劣 용렬할렬	列 벌렬	烈 매울렬	裂 찢어질렬	[렴]	廉 청렴할렴
[령]	令 명령할령	領 거느릴령	零 떨어질령	嶺 재령	靈 신령령	[례]	例 법칙례	禮 예도례	[로]	勞 수고로울로	爐 화로로	老 늙을로	路 길로	露 이슬로
[록]	鹿 사슴록	祿 녹록	綠 초록빛록	錄 기록할록	[론]	論 의논할론	[롱]	弄 희롱할롱	[뢰]	賴 의지할뢰	雷 우뢰뢰	[료]	了 마칠료	料 헤아릴료
[룡]	龍 용룡	[루]	漏 샐루	樓 다락루	屢 여러루	累 포갤루	淚 눈물루	[류]	柳 버들류	流 흐를류	留 머무를류	類 종류류	[륙]	六 여섯륙
陸 물륙	[륜]	倫 인륜륜	輪 바퀴륜	[률]	律 법률	栗 밤률	率 헤아릴률	[륭]	隆 성할륭	[릉]	陵 큰언덕릉	[리]	里 마을리	理 다스릴리

| 裏 속리 | 利 이로울리 | 梨 배리 | 離 떠날리 | 李 오얏리 | 吏 아전리 | 履 밟을리 | [린] 隣 이웃린 | [림] 林 수풀림 | 臨 임할림 | [립] 笠 삿갓립 | 立 설립 |

ㅁ

[마]	馬 말마	磨 갈마	痲 삼마	[막] 莫 말막	漠 사막막	幕 장막막	[만]	晚 늦을만	滿 찰만	漫 부질없을만	慢 거만할만	灣 물굽이만	蠻 오랑캐만
萬 일만만	[말] 末 끝말	妹 아랫누이매	[망] 亡 망할망	忘 잊을망	妄 망령될망	忙 바쁠망	茫 망망할망	罔 없을망	望 바랄망	[매] 每 매양매	梅 매화나무매	買 살매
賣 팔매	妹 아랫누이매	埋 묻을매	媒 중매매	[맥] 脈 맥맥	麥 보리맥	[맹] 孟 맏맹	猛 사나울맹	盲 소경맹	盟 맹세할맹	[면] 免 면할면	勉 힘쓸면	募 부를모
面 낯면	綿 솜면	眠 잠잘면	[멸] 滅 멸할멸	[명] 明 밝을명	名 이름명	銘 새길명	命 목숨명	冥 어두울명	鳴 울명	[모] 毛 털모	慕 사모할모	[몰]
慕 사모할모	模 법모	暮 저물모	母 어미모	某 아무모	謀 꾀모	矛 창모	貌 모양모	[목] 目 눈목	睦 화목할목	木 나무목	沐 머리감을목	牧 기를목
沒 빠질몰	[몽] 夢 어릴몽	蒙 어릴몽	夢 꿈몽	[묘] 卯 토끼묘	妙 묘할묘	苗 싹묘	廟 사당묘	墓 무덤묘	[무] 武 호반무	無 없을무	舞 춤출무	貿 무역할무
務 힘쓸무	霧 안개무	戊 천간무	茂 무성할무	[묵] 墨 먹묵	默 잠잠할묵	[문] 文 글월문	汶 물이름문	門 문문	聞 들을문	問 물을문	[물]	勿 말물
物 만물물	[미] 眉 눈썹미	眉 눈썹미	未 아닐미	味 맛미	米 쌀미	迷 미혹할미	美 아름다울미	尾 꼬리미	微 작을미	[민] 民 백성민	憫 불쌍할민	敏 민첩할민
密 빽빽할밀	蜜 꿀밀											[밀]

ㅂ

[박]	博 너를박	薄 엷을박	朴 순박할박	拍 칠박	泊 고요할박	迫 핍박할박	[반]	半 반반	反 돌이킬반	返 돌아올반	叛 배반할반	飯 밥반	般 일반반	盤 쟁반반
班 벌려설반	[발] 拔 뺄발	拔 뺄발	髮 머리털발	發 필발	[방] 方 모방	防 방비할방	妨 방해할방	芳 꽃다울방	放 놓을방	倣 본받을방	房 방방	訪 뵈올방	邦 나라방
傍 곁방	[배] 杯 잔배	杯 잔배	俳 광대배	排 물리칠배	拜 절배	倍 곱배	培 북돋울배	配 짝배	輩 무리배	背 등배	[백] 白 흰백	伯 맏백	百 일백백
柏 잣나무백	[번] 番 차례번	番 차례번	煩 번거로울번	翻 번역할번	繁 성할번	[벌] 伐 칠벌	罰 벌줄벌	[범] 犯 범할범	範 법범	凡 무릇범	汎 넓을범	[법] 法 법법
法 법법	[벽] 壁 벽벽	壁 벽벽	碧 푸를벽	[변] 辨 분별할변	辯 말잘할변	邊 변두리변	變 다를변	[별] 別 다를별	[병] 兵 군사병	丙 남녘병	病 병들병
屛 병풍병	竝 아우를병	[보] 步 걸음보	步 걸음보	保 보전할보	報 고할보	補 도울보	普 넓을보	譜 문서보	寶 보배보	[복] 伏 엎드릴복	服 옷복	腹 배복
複 겹칠복	福 복복	卜 점칠복	本 근본본	[본] 峯 봉우리봉	逢 만날봉	蜂 벌봉	奉 받들봉	封 봉할봉	鳳 새봉	[부] 夫 사내부	扶 도울부
付 부칠부	附 덧붙을부	符 상서부	府 마을부	腐 썩을부	部 나눌부	婦 아내부	簿 문서부	墳 무덤부	否 아닐부	父 아비부	赴 다다를부	負 질부
膚 살부	賦 구실부	[북] 北 북녘북(배)	[분] 分 나눌분	粉 가루분	紛 어지러울분	憤 분할분	奮 떨칠분	奔 달아날분	不 아닐부	弗 아닐불
佛 부처불	拂 털불	[붕] 朋 벗붕	崩 무너질붕	[비] 非 아닐비	悲 슬플비	比 견줄비	批 비평할비	卑 낮을비	碑 비석비	鼻 코비	備 갖출비
費 비용비	飛 날비	祕 숨길비	肥 살찔비	妃 왕비비	[빈] 賓 손빈	頻 자주빈	貧 가난할빈	[빙] 氷 얼음빙	聘 청할빙

ㅅ

| [사] | 士 선비사 | 仕 벼슬할사 | 社 모일사 | 巳 뱀사 | 祀 제사사 | 司 맡을사 | 詞 말사 | 史 사기사 | 使 부릴사 | 沙 모래사 | 思 생각할사 | 詐 속일사 | 射 쏠사 | 謝 사례할사 |

査 조사할사	蛇 뱀사	死 죽을사	寺 절사	似 같을사	賜 줄사	私 사사사	絲 실사	斯 이사	捨 버릴사	舍 집사	寫 베낄사	四 넉사	師 스승사	事 일사
〔삼〕	殺 죽일살(쇄)	〔살〕	算 셈할산	山 뫼산	酸 초산	散 흩을산	産 낳을산	〔산〕	朔 초하루삭	削 깎을삭	〔삭〕	斜 비낄사	邪 간사할사	辭 말씀사
賞 상줄상	常 항상상	喪 복입을상	傷 상할상	尙 오히려상	商 장사상	桑 뽕나무상	像 형상상	霜 서리상	想 생각할상	相 서로상	〔상〕	森 나무빽빽할삼	三 석삼
索 찾을색(식)	色 빛색	〔색〕	塞 변방새(색)	〔새〕	雙 둘쌍	〔쌍〕	上 위상	嘗 맛볼상	裳 치마상	床 평상상	狀 형상상	詳 자세할상	祥 상서상	償 갚을상
緒 실마리서	書 글서	庶 여럿서	恕 용서할서	壻 사위서	署 관청서	暑 더위서	敍 쓸서	徐 천천히서	舒 펼서	序 차례서	西 서녘서	〔서〕	生 날생	〔생〕
禪 고요할선	選 가릴선	宣 베풀선	善 착할선	鮮 생선선	先 먼저선	〔선〕	席 자리석	析 나눌석	釋 해석할석	石 돌석	夕 저녁석	惜 아낄석	昔 옛석	〔석〕
盛 성할성	城 재성	成 이룰성	〔성〕	涉 물건널섭	〔섭〕	說 말씀설(세)	設 베풀설	雪 눈설	舌 혀설	〔설〕	船 배선	線 실선	仙 신선선	旋 돌이킬선
〔소〕	細 가늘세	洗 씻을세	歲 해세	勢 권세세	稅 제금세	世 인간세	〔세〕	聲 소리성	聖 성스러울성	省 살필성(생)	性 성품성	姓 성성	星 별성	誠 정성성
蔬 나물소	笑 웃을소	燒 불붙을소	所 바소	訴 소송할소	蘇 깨어날소	掃 쓸소	疎 성길소	素 흴소	消 끌소	紹 이을소	昭 밝을소	召 부를소	少 젊을소	小 작을소
訟 소송할송	松 소나무송	〔송〕	遜 순할손	孫 손자손	損 덜손	〔손〕	屬 속할속	俗 풍속속	續 이을속	粟 조속	速 빠를속	束 묶을속	〔속〕	騷 떠들소
遂 드디어수	修 닦을수	數 셀수	授 줄수	受 받을수	首 머리수	〔수〕	衰 쇠할쇠	〔쇠〕	鎖 쇠사슬쇄	刷 박을쇄	〔쇄〕	送 보낼송	誦 욀송	頌 칭송할송
壽 목숨수	囚 가둘수	帥 거느릴수	收 거둘수	雖 비록수	誰 누구수	需 쓸수	守 지킬수	輸 보낼수	殊 다를수	水 물수	秀 빼어날수	睡 잠잘수	須 모름지기수	隨 따를수
順 순할순	殉 따라죽을순	旬 열흘순	〔순〕	熟 익을숙	肅 엄숙할숙	淑 맑을숙	叔 아재비숙	宿 잘숙	〔숙〕	手 손수	愁 근심수	樹 나무수	獸 길짐승수
拾 주울습(십)	〔습〕	崇 높을숭	〔숭〕	戌 개술	術 재주술	述 지을술	〔술〕	脣 입술순	瞬 눈깜짝할순	舜 순임금순	純 순수할순	循 좇을순	盾 방패순	巡 순행할순
時 때시	侍 모실시	是 이시	矢 화살시	〔시〕	僧 중승	乘 탈승	昇 오를승	升 되승	承 이을승	勝 이길승	〔승〕	襲 엄습할습	濕 젖을습	習 익힐습
式 법식	植 심을식	息 숨쉴식	飾 꾸밀식	食 먹을식(사)	〔식〕	氏 성씨	〔씨〕	新 새신	辛 매울신	神 귀신신	伸 펼신	申 납신	臣 신하신	〔신〕	詩 시시	示 보일시	視 볼시	市 저자시	始 비로소시	試 시험할시	施 베풀시
室 집실	失 잃을실	〔실〕	愼 삼갈신	信 믿을신	晨 새벽신	身 몸신	識 알식(지)
十 열십	〔십〕	審 살필심	深 깊을심	尋 찾을심	甚 심할심	心 마음심	〔심〕	實 열매실

ㅇ

案 책상안	安 편안할안	〔안〕	岳 멧부리악	惡 악할악	〔악〕	兒 아이아	雅 말을아	芽 싹아	牙 어금니아	阿 언덕아	亞 버금아	餓 주릴아	我 나아	〔아〕
仰 우러를앙	央 가운데앙	〔앙〕	壓 누를압	押 찍을압	〔압〕	巖 바위암	暗 어두울암	謁 아뢸알	〔알〕	眼 눈안	雁 기러기안	顔 얼굴안	岸 언덕안
〔약〕	野 들야	揚 버들양	夜 밤야	也 잇기야	耶 어조사야	〔야〕	額 이마액	厄 재앙액	液 진액액	〔액〕	哀 슬플애	涯 물가애	愛 사랑애	〔애〕	殃 재앙앙
於 어조사어	〔어〕	揚 날릴양	楊 버들양	陽 볕양	讓 사양할양	壤 흙양	養 기를양	洋 큰바다양	羊 양양	〔양〕	藥 약약	若 같을약	弱 약할약	約 약속할약
業 일업	〔업〕	嚴 엄할엄	〔엄〕	焉 어찌언	言 말씀언	〔언〕	興 흥할흥	億 억억	憶 생각할억	抑 누를억	〔억〕	御 모실어	語 말씀어	漁 고기잡을어	魚 물고기어
疫 전염병역	亦 또역	域 지경역	譯 통역할역	驛 역말역	易 바꿀역(이)	〔역〕	興 수레바탕여	餘 남을여	余 나여	與 줄여	如 같을여	汝 너여	予 나여	〔여〕

役 부릴역	逆 거스릴역	〔연〕	延 미칠연	鉛 납연	沿 물따라갈연	然 그럴연	燃 불탈연	燕 제비연	緣 인연연	煙 연기연	演 펼연	宴 잔치연	軟 연할연	硏 갈연
硯 벼루연	〔열〕	悅 기쁠열	熱 더울열	〔염〕	炎 불꽃염	染 물들일염	鹽 소금염	〔엽〕	葉 잎사귀엽	〔영〕	永 길영	泳 헤엄칠영	詠 읊을영	映 비칠영
英 꽃뿌리영	榮 영화영	營 경영할영	影 그림자영	迎 맞을영	〔예〕	豫 미리예	藝 재주예	銳 날카로울예	譽 명예예	〔오〕	午 낮오	五 다섯오	吾 나오	梧 오동나무오
悟 깨달을오	烏 까마귀오	嗚 탄식할오	娛 즐거울오	誤 그릇오	傲 거만할오	汚 더러울오	〔옥〕	玉 구슬옥	屋 집옥	獄 감옥옥	〔온〕	溫 따뜻할온	〔옹〕	翁 늙은이옹
〔와〕	瓦 기와와	臥 누울와	〔완〕	完 완전할완	緩 느릴완	〔왈〕	曰 가로되왈	〔왕〕	王 임금왕	往 갈왕	〔외〕	外 바깥외	畏 두려워할외	〔요〕
要 중요할요	腰 허리요	搖 흔들요	遙 멀요	謠 노래요	〔욕〕	慾 욕심낼욕	欲 욕심욕	浴 목욕할욕	辱 욕될욕	〔용〕	容 얼굴용	庸 떳떳할용	用 쓸용	勇 날랠용
〔우〕	又 또우	友 벗우	于 어조사우	宇 집우	偶 짝우	愚 어리석을우	遇 만날우	右 오른쪽우	雨 비우	憂 근심우	優 넉넉할우	尤 더욱우	羽 깃우	郵 우편우
牛 소우	〔운〕	韻 울릴운	云 이를운	雲 구름운	運 옮길운	〔웅〕	雄 수컷웅	〔원〕	原 근본원	源 근원원	願 원할원	元 으뜸원	院 집원	遠 멀원
援 도울원	怨 원망할원	員 인원원	圓 둥글원	園 동산원	〔월〕	月 달월	越 넘을월	〔위〕	慰 위로할위	胃 밥통위	謂 이를위	偉 위대할위	圍 둘레위	違 어길위
緯 씨위	衛 호위할위	委 맡길위	威 위엄위	爲 하위	僞 거짓위	危 위태할위	位 자리위	〔유〕	酉 닭유	猶 오히려유	有 있을유	由 말미암을유	油 기름유	愈 나을유
唯 오직유	惟 생각할유	維 이를유	柔 부드러울유	幼 어릴유	遺 끼칠유	遊 놀유	儒 선비유	幽 그윽할유	悠 멀유	誘 꾀일유	裕 넉넉할유	乳 젖유	〔육〕	肉 고기육
育 기를육	〔윤〕	尹 다스릴윤	閏 윤달윤	潤 불을윤	〔은〕	恩 은혜은	銀 은은	隱 숨을은	〔을〕	乙 새을	〔음〕	音 소리음	吟 읊을음	飮 마실음
淫 음란할음	陰 그늘음	〔읍〕	邑 고을읍	泣 소리없이울읍	〔응〕	應 응할응	〔의〕	衣 옷의	依 의지할의	義 옳을의	儀 거동의	議 의논할의	意 뜻의	宜 마땅의
疑 의심할의	醫 의원의	矣 오조사의	〔이〕	耳 귀이	而 말이을이	夷 오랑캐이	已 이미이	異 다를이	移 옮길이	以 써이	貳 두이	二 두이	〔익〕	益 더할익
翼 날개익	〔인〕	寅 범인	刃 칼날인	忍 참을인	人 사람인	仁 어질인	因 인할인	姻 혼인할인	引 끌인	印 도장인	認 인정할인	〔일〕	日 날일	一 한일
壹 한일	逸 숨을일	〔임〕	壬 천간임	任 맡길임	賃 품삯임	〔입〕	入 들입							

ㅈ

〔자〕	子 아들자	字 글자자	玆 이자	慈 사랑자	紫 자주빛자	雌 암컷자	姿 맵시자	恣 방자할자	資 재물자	自 스스로자	刺 찌를자(척)	者 놈자	姊 맏누이자	〔작〕
酌 간절할작	爵 벼슬작	作 지을작	昨 어제작	〔잔〕	殘 남을잔	〔잠〕	潛 잠길잠	蠶 누에잠	暫 잠깐잠		雜 섞일잡	〔장〕	丈 길장	長 긴장
帳 휘장장	張 베풀장	章 글장	障 막힐장	腸 창자장	場 마당장	將 장수장	奬 권면할장	壯 장할장	莊 씩씩할장	墻 담장	粧 단장할장	掌 손바닥장	藏 감출장	臟 오장장
葬 장사지낼장	〔재〕	再 두재	才 재주재	材 재목재	財 재물재	在 있을재	栽 심을재	裁 마를재	哉 어조사재	載 실을재	災 재앙재	〔쟁〕	爭 다툴쟁	〔저〕
貯 쌓을저	抵 막을저	低 낮을저	底 밑저	著 나타낼저(착)	〔적〕	赤 붉을적	跡 발자취적	滴 물방울적	摘 딸적	適 마땅할적	敵 원수적	積 쌓을적	蹟 자취적	績 길쌈적
籍 호적적	賊 도둑적	的 과녁적	寂 고요할적	〔전〕	全 온전할전	田 밭전	錢 돈전	典 법전	前 앞전	展 펼전	專 오로지전	傳 전할전	轉 구를전	戰 싸움전
電 번개전	〔절〕	節 마디절	切 끊을절	折 꺾을절	絶 끊을절	〔점〕	占 점칠점	店 가게점	點 점점	漸 번질점	〔접〕	接 접속할접	蝶 나비접	〔정〕
丁 고무래정	訂 고칠정	頂 이마정	亭 정자정	停 머무를정	貞 곧을정	正 바를정	政 정사정	征 칠정	整 정돈할정	定 정할정	程 과정정	廷 뜰정	庭 뜰정	情 뜻정

精 가릴정	淨 깨끗할정	靜 고요정	井 우물정	鄭 나라이름정	〔제〕	帝 임금제	提 끌제	堤 둑제	題 제목제	齊 가지런할제	濟 구제할제	弟 아우제	第 차례제	祭 제사제
際 사귈제	制 지을제	製 지을제	諸 모두제	除 버릴제	〔조〕	助 도울조	組 짤조	祖 할아비조	租 세금조	兆 억조조	曹 마을조	弔 조상할조	朝 아침조	潮 조수조
早 이를조	操 지조조	燥 마를조	造 지을조	照 비칠조	條 곁가지조	鳥 새조	調 고를조	〔족〕	足 발족	族 겨레족	〔존〕	尊 높을존	存 있을존	〔졸〕
卒 군사졸	拙 옹졸할졸	〔종〕	宗 마루종	從 좇을종	縱 세로종	鐘 쇠북종	種 씨종	終 마칠종	〔좌〕	左 왼쪽좌	佐 도울좌	坐 앉을좌	座 자리좌	〔죄〕
罪 허물죄	〔주〕	州 고을주	洲 물가주	主 주인주	住 머무를주	柱 기둥주	注 물댈주	朱 붉을주	株 그루주	走 달아날주	周 두루주	舟 배주	宙 집주	晝 낮주
酒 술주	〔죽〕	竹 대죽	〔준〕	遵 따라갈준	俊 준걸준	准 평평할준	準 법도준	〔중〕	中 가운데중	仲 버금중	衆 무리중	重 무거울중	〔즉〕	卽 곧즉
〔증〕	曾 일찍증	憎 미워할증	增 더할증	贈 줄증	蒸 찔증	證 증거증	症 병세증	〔지〕	至 이를지	止 그칠지	支 지탱할지	枝 가지지	志 뜻지	誌 기록할지
只 다만지	知 알지	智 지혜지	紙 종이지	指 손가락지	遲 더딜지	之 갈지	池 못지	地 땅지	持 가질지	〔직〕	直 곧을직	織 짤직	職 벼슬직	〔진〕
眞 참진	鎭 진압할진	珍 보배진	辰 별진(신)	振 떨칠진	陣 진칠진	陳 베풀진	盡 다할진	進 나아갈진	〔질〕	質 바탕질(지)	姪 조카질	秩 차례질	疾 병질	〔집〕
集 모을집	執 잡을집	〔징〕	徵 부를징	懲 징계할징										

ㅊ

〔차〕	此 이차	且 또차	差 어긋날차	次 버금차	借 빌릴차	〔착〕	錯 섞일착	捉 잡을착	着 붙을착	〔찬〕	贊 찬성할찬	讚 기릴찬	〔찰〕	察 살필찰
〔참〕	參 참여할참(삼)	慘 슬플참	慙 부끄러울참	〔창〕	昌 창성할창	唱 노래부를창	倉 창고창	創 비로소창	滄 찰창	蒼 푸를창	暢 화창할창	窓 창창	〔채〕	彩 무늬채
菜 나물채	採 캘채	債 빚채	〔책〕	策 꾀책	責 꾸짖을책	冊 책책	〔처〕	妻 아내처	悽 슬플처	處 곳처	〔척〕	斥 내칠척	尺 자척	拓 물리칠척(탁)
戚 겨레척	〔천〕	天 하늘천	千 일천천	川 내천	淺 얕을천	踐 밟을천	賤 천할천	遷 옮길천	薦 천거할천	泉 샘천	〔철〕	徹 뚫을철	哲 밝을철	綴 잇댈철
鐵 쇠철	〔첨〕	尖 뾰족할첨	添 더할첨	〔첩〕	妾 첩첩	帖 문서첩	〔청〕	靑 푸를청	淸 맑을청	晴 갤청	請 청할청	聽 들을청	廳 관청청	〔체〕
替 바꿀체	體 몸체	遞 역말체	〔초〕	肖 같을초	招 부를초	超 뛰어넘을초	抄 가려뽑을초	秒 초침초	礎 주춧돌초	草 풀초	初 처음초	〔촉〕	燭 촛불촉	觸 닿을촉
促 재촉할촉	〔촌〕	村 마을촌	寸 마디촌	〔총〕	聰 귀밝을총	總 거느릴총	銃 총총	〔최〕	最 가장최	催 재촉할최	〔추〕	推 밀추(퇴)	秋 가을추	醜 더러울추
追 쫓을추	抽 뺄추	〔축〕	丑 소축	畜 가축축	蓄 모을축	祝 빌축	逐 쫓을축	縮 오그라들축	築 쌓을축	〔춘〕	春 봄춘	〔출〕	出 날출	〔충〕
忠 충성충	充 채울충	蟲 벌레충	衝 찌를충	〔취〕	取 취할취	趣 취미취	臭 냄새취	就 이룰취	醉 취할취	吹 불취	〔측〕	側 곁측	測 측량할측	〔층〕
層 층층	〔치〕	致 이를치	稚 어릴치	齒 이치	治 다스릴치	値 값치	置 둘치	恥 부끄러울치	〔칙〕	則 법칙(즉)	〔친〕	親 친할친	〔칠〕	七 일곱칠
漆 옻칠할칠	〔침〕	侵 범할침	浸 적실침	寢 잘침	針 바늘침	沈 잠길침	枕 베개침	〔칭〕	稱 일컬을칭					

ㅋ

| 〔쾌〕 | 快 쾌할쾌 |

ㅌ

〔타〕	他 다를타	墮 떨어질타	妥 타협할타	打 칠타	〔탁〕	托 밀칠탁	琢 쪼을탁	濁 흐릴탁	濯 씻을탁	〔탄〕	彈 탄알탄	炭 숯탄	歎 탄식할탄	〔탈〕	態 태도태
脫 벗을탈	奪 빼앗을탈	〔탐〕	探 찾을탐	貪 탐낼탐	〔탑〕	塔 탑탑	〔탕〕	湯 끓일탕	〔태〕	怠 게으를태	殆 위태로울태	太 클태	泰 클태		
〔택〕	澤 못택	擇 가릴택	宅 집택(댁)	〔토〕	土 흙토	吐 토할토	兎 토끼토	討 칠토	〔통〕	通 통할통	痛 아플통	統 거느릴통	〔퇴〕	退 물러날퇴		
〔투〕	投 던질투	透 통과할투	鬪 싸울투	〔특〕	特 특별할특										

ㅍ

〔파〕	破 깨뜨릴파	波 물결파	頗 치우칠파	播 뿌릴파	派 물갈래파	罷 파할파	〔판〕	判 판단할판	板 널판	版 조각판	販 팔판	〔팔〕	八 여덟팔	〔패〕
貝 조개패	敗 패할패	〔편〕	便 편할편	片 조각편	篇 책편	編 엮을편	遍 두루편	〔평〕	平 평할평	坪 벌판평	評 평론할평			幣 돈폐	弊 폐단폐
蔽 가릴폐	廢 폐할폐	肺 허파폐	閉 닫을폐	〔포〕	布 베포	浦 물가포	捕 잡을포	包 쌀포	抱 안을포	胞 세포포	飽 배부를포	暴 사나울포(폭)	〔폭〕	幅 넓이폭
爆 폭발할폭	〔표〕	表 겉표	票 표표	漂 뜰표	標 표할표	〔품〕	品 물건품	〔풍〕	風 바람풍	楓 단풍나무풍	豊 풍년풍	〔피〕	皮 가죽피	彼 저피
被 입을피	疲 피곤할피	避 피할피	〔필〕	必 반드시필	畢 마칠필	筆 붓필	匹 짝필							

ㅎ

〔하〕	下 아래하	何 어찌하	河 물하	荷 멜하	賀 축하할하	夏 여름하	〔학〕	學 배울학	鶴 학학	〔한〕	限 한정한	恨 원한한	汗 땀한	旱 가물한
閑 한가할한	漢 한수한	寒 찰한	韓 나라한	〔할〕	割 나눌할	〔함〕	含 머금을함	咸 다함	函 상자함	陷 빠질함	艦 싸움함	〔합〕	合 합할합	〔항〕
抗 대항할항	航 배항	項 목항	巷 거리항	港 항구항	恒 항상항	〔해〕	亥 돼지해	該 그해	奚 어찌해	解 풀해	害 해칠해	海 바다해	〔핵〕	核 씨핵
〔행〕	幸 다행행	行 갈행	〔향〕	香 향기향	向 향할향	鄕 고을향	響 울릴향	享 누릴향	〔허〕	虛 빌허	許 허락할허	〔헌〕	憲 법헌	獻 드릴헌
軒 추녀끝헌	〔험〕	驗 시험할험	險 험할험	〔혁〕	革 가죽혁	〔현〕	現 나타날현	玄 검을현	絃 악기줄현	弦 활시위현	顯 나타날현	縣 달릴현	懸 고을현	賢 어질현
〔혈〕	血 피혈	穴 구멍혈	〔협〕	協 도울협	脅 위협할협	〔형〕	亨 형통할형	螢 반딧불형	形 얼굴형	刑 형벌형	兄 맏형	〔혜〕	惠 은혜혜	慧 지혜혜
兮 어조사혜	〔호〕	號 이름호	乎 어조사호	呼 부를호	浩 넓고클호	互 서로호	胡 오랑캐호	湖 호수호	戶 집호	豪 호걸호	虎 범호	護 보호할호	好 좋을호	毫 터럭호
〔혹〕	或 혹혹	惑 미혹할혹	〔혼〕	混 섞을혼	昏 어두울혼	婚 혼인할혼	魂 넋혼	〔홀〕	忽 문득홀	〔홍〕	弘 클홍	洪 넓을홍	紅 붉을홍	鴻 큰기러기홍
〔화〕	禾 벼화	和 화할화	話 말할화	火 불화	化 될화	貨 재물화	花 꽃화	禍 재화화	華 빛날화	畵 그림화	〔확〕	穫 거둘확	確 확실할확	擴 넓힐확
〔환〕	換 바꿀환	丸 알환	患 근심환	環 둘레환	還 돌아올환	歡 기뻐할환	〔활〕	活 살활	〔황〕	黃 누를황	皇 임금황	況 하물며황	荒 거칠황	〔회〕
會 모을회	灰 재회	回 돌아올회	懷 품을회	悔 뉘우칠회	〔획〕	獲 얻을획	劃 그을획	〔횡〕	橫 가로횡	〔효〕	效 본받을효	孝 효도효	曉 새벽효	〔후〕
侯 제후후	候 날씨후	喉 목구멍후	厚 두터울후	嗅 냄새맡을후	後 뒤후	〔훈〕	訓 가르칠훈	〔훼〕	毁 헐훼	〔휘〕	揮 떨칠휘	輝 빛날휘	〔휴〕	休 쉴휴	喜 기쁠희	熙 빛날희
携 가질휴	〔흉〕	凶 흉할흉	胸 가슴흉	〔흑〕	黑 검을흑	〔흡〕	吸 숨들이쉴흡	〔흥〕	興 일흥	〔희〕	希 바랄희	稀 드물희		
戲 희롱할희	噫 느낄희(애)													